ESCUELAS QUE MATAN I

Las partes enfermas de las instituciones educativas

Estimado Dr. Santiago;
ha sido un gusto conocer
que en otras latitudes
y con tanta intensidad
ya se ve a la escuela
y lo que en ella pasa.

Patricia Ganem Alarcón

PATRICIA GANEM ALARCÓN
COORDINADORA

ESCUELAS *QUE* MATAN

Las partes enfermas de las instituciones educativas

Amaro Nava Judith
Campero Malo Gabriela
Dabdoub Alvarado Lilián
Ganem Alarcón Patricia
Hernández Sánchez María del Carmen
Morales Hoyos Graciela
Orozco Sandoval Vianey Erika
Padilla Magaña Rosa Aurora
Ramos Mantecón María del Carmen
Romo Sabugal Claudia
Torres Aldama Luz Analia
Yela Corona María de la Caridad

LIMUSA

Ganem, Patricia
Escuelas que matan 1 : Las partes enfermas de las instituciones educativas / Patricia Ganem. -- México : Limusa, 2012
224 p. ; 21 x 14 cm.
ISBN: 978-968-18-6499-6
Rústica

1. Gestión escolar

Dewey: 371.102.'4 | 22 / G1965 LC: LB1095

GRUPO NORIEGA EDITORES
Balderas 95, México, D.F.
C.P. 06040
5130 0700
5512 2903
limusa@noriega.com.mx
www.noriega.com.mx

CANIEM Núm. 121

Hecho en México
ISBN: 978-968-18-6499-6
6.1

La edición, composición, diseño e impresión de esta obra fueron realizados bajo la supervisión de Grupo Noriega Editores
Balderas 95, Col. Centro. México, D.F. C.P. 06040
0297854002**8FEBRERO2012**923DP9241I

Índice

Lesvia Rosas

Prólogo

Los discursos sobre la educación en México y en el mundo, generalmente hacen alusión al maestro como a un personaje del proceso educativo muy importante. Sin embargo, lo que sabemos de los maestros es bastante poco. Más allá de datos generales que nos dicen cuántos son, dónde están ubicados y cuánto ganan, según su colocación en el tabulador, no sabemos casi nada de ellos como personas y como profesionales.

¿Qué sabemos de lo que piensan de su profesión, de la visión con la que desarrollan su trabajo, de la actitud con la que afrontan sus problemas en el aula, de los sentimientos que muestran frente sus alumnos, de los conocimientos que van adquiriendo durante su carrera profesional?

Paradójicamente, se piensa que siendo los maestros los responsables directos de la educación que se imparte en las escuelas, son los que menos tienen que decir acerca de la educación. Se ha dedicado mucho tiempo a hablar sobre ellos, pero muy poco para escucharlos.

Este libro representa una oportunidad para romper ese silencio y escuchar a un grupo de maestras que ha decidido tomar la pluma y hacernos partícipes de sus experiencias y pensamientos. Lo que tenemos ante nuestros ojos es la apertura de un espacio del que todo aquel que no es maestro o alumno, queda excluido: el aula. Para algunas personas, sentirse al margen de lo que sucede dentro de las aulas resulta tan impresionante, que hasta hablan del "misterio del salón de clases".

Pero lo que sucede dentro de un salón de clases no es un misterio. Es un acto sumamente complejo, sí, en el que se produce un encuentro humano, entre el maestro o la maestra y sus alumnos, mediados por un conjunto de acciones y conocimientos que idealmente deben ser aprendidos. Lo que sucede dentro de un salón de clases depende en mucho de lo que el maestro piensa que debe ser el acto educativo, de lo que cada uno de ellos coloca en el centro de su trabajo, del valor que le otorga a los diferentes momentos en los que puede organizarse un proceso de aprendizaje. A su vez, todo lo anterior depende de la responsabilidad y conocimiento con los que cada uno afronte su función. Por todo esto es muy importante conocer las ideas, las dudas, lo sobresaltos y las reflexiones por las que todos los que hemos estado alguna vez frente a un grupo de estudiantes, hemos pasado.

Así, las maestras que escriben este libro, nos brindan la gran oportunidad de asomarnos a su mundo. Nos presentan experiencias reales, narradas con toda la sensibilidad que surge de ser uno de los protagonistas, pero no se quedan ahí. Nos entregan además sus reflexiones documentadas sobre cada una de las experiencias y las aportaciones que se derivan de ellas, de tal modo que la entrega esté completa.

Se trata de un conjunto de experiencias por demás diversas, sin embargo, conforme se avanza en la lectura es posible reconocer un hilo unificador: el niño, el joven, el estudiante ocupan el centro del proceso educativo. En todos los casos, se hace patente que la preocupación fundamental es no lastimar a nadie ni dañar ni limitar sus capacidades. Por lo contrario, en todas las aportaciones se nota una búsqueda para contribuir a su desarrollo, a su enriquecimiento.

Las reflexiones hechas por las autoras del libro, tocan una gran variedad de temas, como los siguientes:

La complejidad de la educación escolarizada, el papel de la escuela en la sociedad, la responsabilidad de los padres de familia en el proceso educativo, la cotidianeidad de la vida escolar, los exámenes y la gran cantidad de aprendizajes que se esconden detrás de las palabras, las actitudes y las interacciones entre maestros y alumnos.

También hablan de los temas eternos que nunca podrán dejar de ser objeto de reflexión entre los maestros: la disciplina, el autoritarismo, los premios y los castigos, los valores, el conocimiento y el desarrollo de la persona.

Todas estas temáticas están tratadas desde diferentes enfoques, el que cada maestra ha creído que ilumina mejor su reflexión. Sin embargo puede advertirse, como un bajo continuo, un llamado de atención a la escuela autoritaria, a la que se olvida de que lo más importante en un salón de clases es la interacción entre el maestro y sus alumnos y de lo delicado que es tratar con la inteligencia y la sensibilidad de un niño o de un joven.

Este libro es un regalo para todos aquellos que quieren entender lo que pasa en un salón de clases, pero también para maestros y maestras que quizá se vean reflejados en las experiencias expuestas y sientan el deseo de ampliar el diálogo que estas maestras han iniciado.

Parece conveniente que esta sana costumbre se extienda entre los docentes. Mientras más maestros se decidan a escribir y a hacernos partícipes de sus reflexiones, más podremos contribuir a mejorar la educación de nuestro país.

Judith Amaro Nava

Renovarse o morir

La necesidad del cambio

El maestro tiene por tarea esencial desarrollar el respeto y el amor a la verdad, a la reflexión personal, a los hábitos de libre examen, al mismo tiempo que el espíritu de tolerancia; el sentimiento del derecho de las personas y de la dignidad, la conciencia de la responsabilidad individual, al mismo tiempo que el sentimiento de la justicia y de la solidaridad sociales, y la adhesión al régimen democrático y a la república.

Gregorio Torres Quintero

Quiero iniciar con una vivencia el presente artículo, una anécdota que compartí con una de mis alumnas de la licenciatura en educación primaria durante su práctica más intensa.

Ariadna es una de las alumnas más sobresalientes en el colegio donde presto mis servicios; cuando llegó el momento de iniciar sus prácticas de campo, acudió a una escuela primaria pública de las asignadas por la Dirección General de Educación Normal y Actualización del Magisterio en el Distrito Federal (DGEN AMDF). Se puso en contacto con la maestra titular del grupo, ella le asignó un cuarto grado y le proporcionó los temas que desarrollaría durante el periodo acordado.

Por ser una alumna muy responsable, con vocación docente y que ama profundamente su trabajo, Ariadna preparó cuantioso material didáctico y juegos educativos dirigidos a desarrollar diversas habilidades superiores de pensamiento; en su planeación buscó estrategias diferentes para desempeñar en diferentes espacios del salón, del patio y en la sala de usos múltiples ahí disponible. También consideró pequeños regalos, sobre todo para estimular a aquellos que notó que trabajaban despacio o sucio. Todo esto con un solo fin: hacer una clase dinámica y participativa en la que se aprovecharan todos los conocimientos previos de sus alumnos.

El día que Ariadna inició sus prácticas se presentó llena de entusiasmo y de energía en la escuela, lista para atender al grupo designado. Afortunadamente todo salió como ella lo había planeado; se sintió muy halagada al oír comentarios de los alumnos cuando preguntó: "¿Les gustó cómo trabajamos hoy? ¿Qué sugerencia tienen para nuestra clase?" Los alumnos contestaron, entre otras cosas, que ojalá todas las demás clases fueran así y no tan aburridas y un alumno en particular comentó: "con usted jugamos al mismo tiempo que aprendemos y no nos regaña".

Ariadna quedó satisfecha al recibir estos comentarios y pensó que había valido la pena desvelarse y privarse de muchas cosas personales para poder llevar material diverso y realizar una clase activa. Lo dicho por los alumnos había sido el mejor pago que podía haber recibido; se sintió sumamente motivada y empezó la planeación de nuevos juegos y actividades para las próximas sesiones.

Nunca se imaginó que entrar en contacto con la realidad fuera a ser tan duro. Al despedirse de la maestra titular, ella le comentó: "Me gustaría que tu planeación tuviera algunos cambios; que ésta fuera la única sesión en que contemplaras actividades no mencionadas en el libro del alumno o en el libro para el maestro, que el libro de texto no lo utilices como un reforzador sino como texto central y que tomes en cuenta que estos materiales son elaborados por gente especializada en educación. Créeme que con las actividades que se mencionan ahí es más que suficiente para que se cumplan los objetivos propuestos para cada lección. Así que, por favor, quiero que reestructures tu planeación, tomando en cuenta sólo las actividades que se mencionan en el avance programático y si existe apoyo en el fichero lo utilices. Por favor, no cambies ni agregues ni elimines ninguno."

Ariadna se hizo la fuerte y le solicitó a la maestra que no le pidiera los cambios para la planeación del siguiente día, a lo que contestó: "Si gustas puedes traerla terminando tu semana, siempre y cuando tomes en cuenta lo que te pido; ya están contemplados los tiempos y la cobertura de contenidos para ser abarcados en los 200 días laborables."

En la tarde, Ariadna se comunicó conmigo y me dijo que se había sentido el ser más pequeño del mundo por lo sucedido. "¿Cuál fue mi error? –me preguntó–, ¿hacer cosas que no estaban planeadas es malo? ¿En qué le puede afectar a la maestra encargada del grupo que yo haga las clases más dinámicas? ¿Es malo premiar a los niños que participan en la clase? Créame, esto no va de acuerdo con lo que usted siempre nos ha dicho acerca de que seamos creativas en la selección de actividades y de que nos interesemos por atender el lenguaje e intereses del niño para que nos entienda. ¿Qué hago? Me siento muy confundida."

Ante este incidente, yo me pregunto: ¿Cuántos de nosotros nos hemos enfrentado a situaciones de este tipo? ¿Cuántos hemos sido copartícipes al enterarnos de comentarios similares? En fin: *¿por qué esa resistencia al cambio, a aceptar que siempre existe algo nuevo?* ¿Será que acaso ya olvidamos nuestros días de estudiantes normalistas, cuando nos esmerábamos en elaborar material didáctico para dar nuestras clases y de cuál era el fin de nuestras actividades?

Tal vez no hemos hecho todavía un análisis retrospectivo de nuestro papel, ¿habremos caído ya en la idea absurda de que no existe nada nuevo en cuanto a educación? ¿Hemos perdido definitivamente la creatividad que tanto buscábamos? ¿Será acaso que somos la generación del cuaderno, el gis, el pizarrón y del libro "al pie de la letra"? ¿Acaso hemos sido absorbidos por el concepto tradicional, aquél que dicta que *la letra con sangre entra*?

Te invito, amigo educador, a que juntos reflexionemos sobre este tema. A que entendamos que si bien no podemos cambiar todos los aspectos de la educación escolarizada, tal vez sí podamos crear una pequeña inquietud en aquellas personas que son pilares de la educación y de las que nosotros formamos parte: *los docentes*.

Una retrospectiva docente

Junto con otros factores de orden político, en lo más profundo del problema magisterial de 1989 se cuestionaba la crisis de la profesión docente, además de que disminuía la cantidad de aspirantes a ingresar a las escuelas normales.

En pleno conflicto y como respuesta, el gobierno federal anunció dos promesas para hacer frente a la crisis de la profesión:

- El salario profesional para el magisterio.
- El establecimiento de la carrera magisterial.

La primera se ubicaba dentro del ámbito de la justicia laboral. La segunda, en el de la estrategia para reanimar las expectativas profesionales de los maestros, mediante la creación de nuevas posibilidades de movilidad ascendente dentro del servicio. Así se pretendía mejorar la calidad de la educación, por medio de la valoración positiva de los esfuerzos de formación, capacitación, desempeño y persistencia en la función docente.

Todo lo anterior fue incorporado al Acuerdo Nacional para la Modernización de la Educación Básica (ANMEB), suscrito por la Secretaría de Educación Pública, los gobernadores de los estados y el Sindicato Nacional de Trabajadores de la Educación, el 18 de mayo de 1992.

En conclusión, el ANMEB fue organizado en tres líneas estratégicas:

- La reformulación de contenidos y materiales educativos.
- La reorganización del sistema educativo.
- La revaloración social de la función magisterial.

Estas reformas implicaron el reemplazo de una serie de enfoques y contenidos curriculares vigentes desde hacía casi veinte años: el enfoque de lingüística estructural, el enfoque de la lógica matemática y el área de ciencias sociales. Respecto a la educación secundaria, se reimplantó el programa por asignaturas, sustituyendo al de áreas que también tenía ya casi veinte años de vigencia en la mayoría de las escuelas del país.

No se niega que estos puntos sean ejes de movimientos y que han significado avances; pero, si éstos no son guiados por una mente docente, con apertura para realizar cambios en su estilo de trabajo, sacudiendo sus métodos de enseñanza obsoletos e, incluso, abriendo los ojos a los grandes avances tecnológicos, realmente no van a existir respuestas que generen cambios.

La carrera magisterial persigue tres objetivos:

- Mejorar la calidad de la educación.
- Estimular el mejoramiento en la formación y desempeño profesional.
- Estimular el ingreso y la permanencia en la profesión.

La reforma educativa halló opositores entre los docentes de la vieja guardia, que argumentaban que solamente beneficiaba a los más jóvenes. Sin embargo, cuando se dieron cuenta de los beneficios económicos que tal reforma traía consigo, optaron por buscar la reincorporación para beneficiarse en lo personal. Aceptaron la parte remuneradora, pero no se comprometieron con los avances ni con los cambios sociales que implicaba el uso de novedosas estrategias de enseñanza y aprendizaje, y retomaron las aulas con los estilos de trabajo tradicionales.

A pesar de todo y como parte de un proceso de transformación y fortalecimiento académico, la Secretaría de Educación Pública ha brindado a los docentes en formación y en ejercicio infinidad de materiales de apoyo, que van desde cursos hasta textos elaborados por especialistas que dominan la problemática. También ha dotado a las escuelas de equipos de cómputo, videotecas e incluso una bibliografía muy variada y enriquecedora, con la finalidad de obtener cambios inmediatos, concretos y asertivos en la personalidad de nuestro alumnado.

Analizando el cambio

De acuerdo con Lewin (en Warner, 1987), el primer paso del proceso de cambio es la descongelación del nivel actual de comportamiento, lo cual es necesario realizar junto con el docente. Para disminuir prejuicios, el paso descongelador podría ser una catarsis (en *Historia de una profesión*, 1998) o una participación en una serie de sesiones de sensibilización (Rubin, citado en Warner, 1987). Para un cambio organizacional, el paso de descongelación podría consistir en una serie de sesiones de capacitación, en la que el objetivo del cambio implicara un modo de proceder más participativo (Blacke, Mouton, Barnes y Greiner, 1964). Todas estas concepciones han surgido a nivel empresarial manifestando avances efectivos, al grado que han colocado empresas, que han roto niveles establecidos en los primeros lugares en ventas. Si algunas de estas estrategias ya se han puesto en práctica en el sistema educativo, ¿por qué no se han notado las transformaciones, los avances? La respuesta es simple: el cambio de actitud no se ha *efectuado* en cada uno de nosotros.

El segundo paso es emprender la acción que cambiaría el sistema social, llevándolo de su sistema original de comportamiento o funcionamiento, hacia un nuevo nivel también llamado desarrollo de equipo. Así, según Lewin (en Warner, 1987), ese cambio duradero significa abrir las cerraduras, descongelar el sistema social actual, lo que nos lleva a una especie de confrontación (Keckhard, en Warner, 1987) o a un proceso de reeducación. El avance que se pretende va más en relación con el aspecto conductual, con lo actitudinal; así, esta reorganización rescataría lo que hace algunas décadas no se podía ni siquiera mencionar. Por último, deben tomarse medidas premeditadas que aseguren que el nuevo estado de comportamiento sea relativamente permanente. Estas tres medidas son sencillas de enunciar, pero su puesta en práctica no lo es mientras el docente –insisto–, no *quiera* ejecutar su *deber ser... los medios están más que dados y explicados.*

No podemos seguir ignorando la realidad, todo ha ido cambiando, desde los objetos hasta los seres vivos; el teléfono, los aparatos electrodomésticos, las frutas han ido creciendo en variedades; también el ser humano es más complejo en la actualidad y los alumnos que atendemos se desenvuelven en contextos que efectivamente son diferentes a los de hace un año, o un mes, e incluso a los de la semana anterior, por tanto, el docente no puede seguir siendo aquel que llega al salón de clases con sus apuntes en hojas amarillentas, con conocimientos obsoletos, haciendo las clases tediosas y aburridas, tratando de que el alumno escriba lo que se le dicta. Ahora el alumnado requiere de argumentos, de explicaciones, de descubrir en su mayoría lo que pueda hacer y experimentar por sí mismo. Necesitamos emprender la *carrera*, porque todo lo que nos rodea va muchos kilómetros delante de nosotros; el medio ambiente está enseñando más que la escuela, los alumnos nos llevan las últimas novedades y, ¿cuál es nuestra actitud? ¿Qué hacemos ante esto? ¿Tenemos los conocimientos necesarios para hablar el mismo idioma que nuestros alumnos y alumnas?

De acuerdo con una investigación realizada en empresas de calidad por Naisbith, en coautoría con Patricia Aburdene (en Warner, 1987) más enfocada hacia los cambios organizacionales, se enlistan observaciones, tales como:

- El personal mejor y más brillante gravita hacia corporaciones que fomenten el crecimiento personal.
- El papel del gerente, director, profesor, combina estrategias de entrenador, maestro y mentor.
- La calidad ha de ser predominante.
- Quienes sobresalen anhelan la propiedad de una compañía, tanto en el sentido psíquico como en el literal; las mejores empresas persiguen esa posibilidad.
- Las compañías están acudiendo cada vez más a terceros, es decir, a subcontratistas, pasando de la mano de obra asalariada al trabajo por contrato.
- La dirección autoritaria está cediendo el paso a la dirección democrática de trabajo conjunto.

- El ánimo emprendedor dentro de la institución, al que a veces se denomina *interempresarialidad*, está creando productos y servicios nuevos que revitalizan las instituciones del interior hacia el exterior.
- La intuición y la creatividad están retando a la filosofía de la escuela comercial de "todo radica en los números". Ahora todo radica en las relaciones humanas, en la manera de llegarle a la gente y generar en ella y por ella misma la apertura al aprendizaje y a la aplicación inmediata de lo aprendido, con lo que se generan cambios de vida muy notorios y con mayores satisfacciones.
- El amanecer de la informática ha favorecido un cambio masivo, de la infraestructura a la calidad de vida.

En términos de educación, estamos esperando otra situación laboral para generar cambios: que un administrador, contador, abogado u otros lleguen a nuestra institución a *mandarnos* y *dirigir* nuestras funciones muy particulares, cuando esto es la expectativa más ilógica, sin embargo, en algunas escuelas privadas exitosas, se ha mejorado el servicio gracias a que se trabajó de manera contraria. Realmente es vergonzoso que las bases psicológicas y pedagógicas se den sólo en la línea educacional y no tan directamente en la administrativa.

El introducir la carrera magisterial es un acertado recurso, al cual se le puede integrar una variedad de canales para lograr cambios inmediatos, como el tratar de atender el crecimiento de la capacidad de pensamiento en cada uno de los personajes interesados en este proceso, pero desafortunadamente se han introducido terceras personas para apoyar tan ardua labor y lo que se ha conseguido es delegar funciones y que de esta manera no haya responsables de un seguimiento de los avances en el alumno, es el caso de la Unidad de Servicio de Apoyo a las Escuelas Regulares (USAER).

¿Estamos preparados para que de un momento a otro se nos avise que vamos a estar bajo contratos anuales, de que nuestra plaza ya no sea tan segura? Este elemento es uno de los que marcan las diferencias entre ser trabajador de una institución privada y de una pública; los primeros buscan cuidar su empleo, dando su mejor esfuerzo y buscando novedosos modos de enseñar; los segundos nada más cubren los tiempos, sin metas a cumplir. Y no hay que olvidar que muchos docentes trabajan en los dos tipos de centros educativos y su desenvolvimiento es totalmente diferente en cada caso.

¿La autoridad docente dentro del aula ha dejado huella y productos favorables? ¿O se ha ido permutando en una autoridad democrática, con la que se llega a acuerdos en equipo, trabajo en grupos y colegiadamente se toman decisiones para emprenderlas en nuestro trabajo en el aula? Esto que se ha difundido entre las autoridades se busca entre los alumnos, en su propio trabajo, porque se sabe de los prodigios y beneficios adquiridos, pero hacer equipo implica un compromiso que la mayoría de los docentes no quiere asumir por lo que implica de reciprocidad: tolerancia para aceptar aportaciones de otros miembros del colegiado.

No olvidemos que *los alumnos vendrán a la escuela en la medida en que el profesorado los convenza con su trabajo, con su calidad y por los hechos educativos vivientes, realistas e inmediatos al ejemplo cotidiano.*

En los párrafos anteriores es evidente que el eje y motor de todo esto somos los docentes, integrantes insustituibles.

En una de mis clases del diplomado Planeación y Evaluación Universitaria, basándose en respuestas de los propios estudiantes, el doctor Miguel Ángel Fernández Pérez aportó varias causales que explican abundantemente la baja calidad de la educación actual.

Los siguientes conceptos formaron parte de uno de los instrumentos utilizados y son los que arrojaron mayor porcentaje.

- Profesores no motivados por la enseñanza (82%).
- Falta de investigación en las instituciones (74%).
- No exigir a los profesores preparación específica para la profesión de enseñanza (79%).

- Irrelevancia de los planes de estudio respecto de necesidades reales de la sociedad (77%).
- Métodos didácticos *medievales* (83%).
- Exámenes memorísticos (83%).
- Profesores que no explican bien (81%).
- Clases soporíferas (79%).
- Rollos verbales sin medios audiovisuales (84%).

Como puede observarse, los estudiantes seleccionaron en un alto rango aspectos básicos –que no por eso deben descuidarse–, pero por tal motivo se nos han estado proporcionando por medio de diversos canales *materiales para generar cambios en la enseñanza y en nuestro propio sistema para aprender a enseñar.*

En otro punto del análisis del mismo autor, en el que ahora se descubren las causas de los *fracasos académicos* y siguiendo con la dinámica que los propios estudiantes marcaron, también se encontró:

- Malos profesores (64%).
- Profesores que no ayudan individualmente en las dificultades que se presentan en las asignaturas (84%).
- Alumnos que se interesan precipitadamente en asignaturas difíciles de salvar porque las calificaciones se encuentran en el último nivel (77%).
- Alumnos que no estudian lo suficiente (85%).
- Clases soporíferas, sin participación del alumno (82%).

¿Cuántos de nosotros habremos sido profesores de algunos de los alumnos que contestaron en estos casos?

En este inicio del siglo XXI, *es urgente* que los docentes mostremos una actitud diferente, acorde con el tiempo que estamos viviendo, esto con la finalidad de favorecer el proceso educativo en todos los niveles y de que realmente nuestros alumnos asimilen lo que les estamos aportando.

Han transcurrido 78 años desde que Gregorio Torres Quintero, en 1934, aportara la reflexión que acoté al inicio de este texto y de acuerdo con el número de docentes de una escuela: ¿cuántos han tratado al menos de respetar la personalidad de cada alumno, de tomar atención a cada uno, de no interferir con su dignidad, de ser conscientes de lo que *hacen* más que de lo que *dicen*? Sinceramente: ¡vámonos responsabilizando con la profesión o definitivamente mejor busquemos algún otro empleo!

Ser maestro es primero que nada un trabajo y como tal depende en gran medida de las condiciones dentro de las cuales éste se perfecciona, de las restricciones materiales y de la estructura institucional que delimita su ámbito propio; pero el maestro es a la vez sujeto, un ser humano que ordena sus propios conocimientos, recursos y estrategias para hacer frente cotidianamente a las *exigencias concretas* que se le presentan en su quehacer, al que en ningún momento se idealiza ni mucho menos se demerita; ahora simple y llanamente se le invita a generar movimientos en sí mismo y en los que se relacionan con él.

Elsie Rockwell (1998), antropóloga mexicana, profesora del Departamento de Investigaciones Educativas del Centro de Investigación y Estudios Avanzados del Instituto Politécnico Nacional, realiza desde 1973 una investigación etnográfica sobre esta realidad educativa en escuelas primarias. En su trabajo, Rockwell intenta responder también a esta necesidad de cambio y se integra en proyectos curriculares y de formación docente. De esta manera contribuye a una mejor comprensión de la práctica docente y a sensibilizarnos acerca de la trascendencia de nuestra labor si realizamos trabajos con otro perfil, lo que me sirve para seguir cuestionando: ¿caminamos en torno a lo que nuestra sociedad mexicana requiere para enfrentar el mundo?

¡Vamos ansiosos en busca de aprender nuevas cosas! Aprendamos algo de todo aquel que se nos presente para interactuar; desde cada uno de nuestros alumnos y compañeros, hasta instituciones que lleguen a dictar alguna conferencia en la escuela; de las practicantes, de las actividades que realizan mensualmente los diferentes centros de actualización magisterial y hasta de lo que sería considerado como risible. *Hay que ver la vida* al salir de nuestra casa, en el trayecto a nuestro centro de trabajo. Todo esto nos proporciona verdaderos elementos para aportar a nuestras clases, para hacerlas más placenteras y de interés, y con un significado para la propia vida.

Es evidente que el manejo que se hace en cuanto a estrategias y formas se refiere, dio resultados excelentes en otro momento sociohistórico de nuestro país, pero hoy no podemos sistematizar la enseñanza en un marco cuadrado, al contrario: requerimos de una diversidad de medios, de metodologías, de actitudes para enfrentar el momento social, económico e histórico por el que todos los mexicanos estamos amaneciendo día a día. Iniciemos hoy y el resultado se verá en nuestros alumnos, en un gusto por asistir a las aulas, no debemos dar pauta a argumentos como: *"la alumna faltó porque nos manifiesta que se aburre"; al contrario: debemos propiciar que nos extrañen, inspirar en ellos muestras sinceras de admiración, de cariño, de complicidad y no las sonrisas forzadas que casi se sienten obligados a regalarnos.*

El eje fundamental que hará posible una modificación radical y una humanización de nuestras estructuras sociales y educativas, es aquel que vincula la *experiencia* del maestro con las condiciones estructurales de su trabajo y las experiencias particulares de sus pupilos. Cambios de esa magnitud exigen la implicación activa de maestros en particular y de la población en general; la crítica colectiva de las prácticas, de la organización estructural y de las metas institucionales existentes.

Paradójicamente, esto requiere la aplicación gradual de ciertas reformas, como la formación de grupos más pequeños y la planeación del tiempo libre, de tal manera que pudiera generarse una integración de teoría y práctica, una reconstitución de la experiencia y el concepto del maestro en un sentido radical.

Observamos curiosamente en este mundo de continuos cambios, un apego cada vez mayor a la realidad propia. Justamente a causa del vértigo que supone el cambio permanente, el hombre siente cada vez más la imperiosa necesidad de pisar tierra segura y firme. La mejora en la calidad de la educación supone un *gran cambio*, desde la gestión, los modos de contratar, formar y promover al personal docente para atender las necesidades del alumno y del propio maestro, hasta la manera en que evalúan las escuelas a los alumnos.

Consideraciones finales

Para concluir, quiero citar otro principio muy generalizado también, en el que convergen experiencias muy diversas de intentos de institucionalizar la actualización permanente de los profesores: caeteris paribus, como dicen los experimentalistas, es decir, a igualdad del resto de las variables.

El éxito de la institucionalización del perfeccionamiento docente es directamente proporcional a la percepción que los profesores tienen del grado en que ellos han podido codecidir y cogestionar *su* propio perfeccionamiento. Las actuales exigencias implican cambios de perspectiva a través de una alteración de las estructuras en las que funcionan las escuelas, que definan criterios de competencia y brinden carreras atrayentes, variadas y abundantes en retos, a aquellos que, sea cual sea su nivel en el sistema, posean capacidad para promover un aprendizaje eficaz.

Exhorto a cada uno de los docentes a integrarse a la nueva generación de la creatividad dentro del aula, de la utilización del material didáctico y que exploten todos los medios y recursos que tengan a su alcance, para que sus clases vayan más allá del aula, más allá de los simples apuntes y de las clases vacías que no dejan huella en el pensamiento de los alumnos. No pensemos en cambiar al mundo nosotros solos, sabemos que no es posible, mejor pensemos en cambiar la actitud de alguno de nuestros alumnos, para que se despierte en ellos aquél interés por la escuela que tanto ansiamos.

Fuentes documentales

(1998) *Historia de una Profesión*. DistritoFederal, México, Biblioteca Normalista, SEP.

Díez Hochleitner, R. (1999). *El aula inteligente*. Madrid, España, Espasa Calpe.

Fernández Pérez, M. Á. (1995). *La profesionalización del docente*. Madrid, España, Siglo xxi.

Fernánde Pérez M. Á. (1997). *Así enseña nuestra universidad*. Madrid, España, Escorial.

García, Garrido José Luis y otros. (1990). *Pedagogía retrospectiva*. Distrito Federal, México, Progreso.

Rockwell, Elsie. (1998). *Ser maestro, estudios sobre el trabajo docente*. Distrito Federal, México, El Caballito.

Warner, Burke W., (1987). *Desarrollo organizacional*. Massachussets, SITESA.

María del Carmen Ramos Mantecón

No siempre es de etiqueta

Enemigos de la autoestima

En cierta forma, todo lo que uno ha hecho hasta el momento actual, si uno anda todavía por aquí, ha funcionado. Nuevamente las preguntas son: ¿Cuál es el precio? ¿Podría ser menor?

Virginia Satir

Hace poco escuché a una psicóloga especializada en niños platicar acerca de Antonio, un niño inquieto que solía interrumpir con sus distracciones e intervenciones inoportunas y que por esa razón era castigado o recriminado por su profesora.

Un día, de espaldas al grupo, la maestra anotaba en el pizarrón algo concerniente a la clase, cuando recibió en la cabeza el golpe de un proyectil que había sido lanzado desde algún pupitre. Al sentir el impacto, automáticamente la maestra dijo: "Antonio, salte inmediatamente del salón."

Como respuesta recibió unas estruendosas carcajadas por parte de todo el grupo, por lo que sorprendida volteó hacia los alumnos para conocer el motivo. Entonces recordó que Antonio no había asistido ese día a clases.

Este episodio, que puede parecer chusco, resume y revela muchas situaciones que se presentan cotidianamente en las aulas y refleja toda una problemática poco deseable, que va mucho más allá de la anécdota divertida y que actualmente afecta a miles de niños en todo el mundo.

Empezaré por señalar que, con mucha frecuencia, en cada grupo escolar los niños en el aula van tomando un papel o un lugar que se les asigna o bien, se les refuerza día con día.

Todos los profesores hemos vivido la experiencia de contar dentro de nuestros grupos con algunos niños estudiosos, otros atentos, otros distraídos o apáticos, rebeldes, lentos, ocurrentes, graciosos, etcétera; y muchas actitudes típicas de estos niños nos alteran y, con frecuencia, al no contar con los recursos personales necesarios para manejarlos, optamos por la salida fácil de agredir con etiquetas a estos menores, sin reflexionar acerca de la eficiencia de nuestros métodos y, peor aún, sin conocer su repercusión en el desarrollo psicosocial de nuestros alumnos.

Vale la pena empezar por señalar que muchas de las conductas que no siempre son socialmente aceptadas se deben en parte al temperamento de quien las actúa y que por eso no le es fácil al sujeto en cuestión lidiar con ellas, aunque sea consciente de que originan rechazo.

Estilos de temperamento

Muriel James (1986) señala que cada niño nace con un temperamento, al que define como "la manera característica como se porta y reacciona debido a la herencia genética". El temperamento se enfoca básicamente en cómo hace la gente lo que hace y no específicamente en lo que hace o por qué lo hace.

El temperamento, que forma parte de la personalidad, es transmitido genéticamente y puede seguir sin cambios por toda la vida, puede ser fortalecido o debilitado por circunstancias ambientales.

Cada estilo básico de temperamento se presenta en los individuos en forma característica, así, tenemos los siguientes nueve estilos de temperamento:

- **El nivel de actividad que se refiere a la motilidad:** tenemos en un extremo al niño que se mueve mucho, que es muy activo y que por eso causa intolerancia; en el otro, a los niños que se mueven poco y lentamente.

- **El de ritmo que tiene que ver con la regularidad de las funciones biológicas, como comer, dormir, defecar, etcétera:** encontramos en los extremos a los niños "ordenados" en estas funciones (y por lo tanto predecibles), y a los que no lo son.
- **De respuesta de acercamiento o aislamiento, que se ocupa de la reacción inicial del niño ante algo nuevo:** aquí vemos que a algunos niños les atraen personas, situaciones o juguetes nuevos, etcétera, y los reciben con curiosidad, y otros que prefieren lo conocido y rutinario.
- **De adaptabilidad:** se refiere a la facilidad y rapidez con la que se cambia de conducta ante situaciones nuevas. Así, decimos que el niño es amistoso o bien, tímido porque tiene poca adaptabilidad.
- **De intensidad de la reacción:** en la que encontramos niños que responden con fuerza y energía a los estímulos, como con grandes aspavientos de alegría o grandes berrinches, por lo que se les considera "excitables"; en el lado opuesto están los niños que responden muy suavemente, a los que se califica de "retraídos".
- **De umbral de respuesta:** se refiere al nivel de estimulación necesario para obtener respuesta. Algunas personas necesitan muchos estímulos para responder y otras lo harán con muy pocos, aunque también se da el caso en el que se responde pronto a algunos estímulos y a otros no.
- **De calidad de humor:** considera la cantidad de respuestas amistosas, gozosas y agradables que puede dar una persona o bien, las respuestas que el "mal humor" produce.
- **De facilidad de distracción:** o de capacidad para concentrarse y prestar atención, y en el extremo opuesto está la tendencia a distraerse con facilidad.

- **De tramo de atención y perseverancia:** se refiere al tiempo en el cual se puede desplegar una actividad, a pesar de la frustración que genere la falta de destreza o las interrupciones y que puede hacer que el niño cambie con frecuencia el foco de su atención.

Es pertinente hacer hincapié en que, cuando el nivel de actividad, la facilidad de distracción y el tramo de atención se manifiestan de tal forma que resultan incontrolables tanto para el niño como para el adulto, conviene hacer una evaluación neurológica que descarte la posibilidad de estar frente a un caso de déficit de atención o hiperactividad, o una combinación de ambas, que deberá ser atendido por un especialista en paidopsiquiatría o por un neurólogo.

Las inteligencias múltiples

Además de los aspectos de la personalidad relacionados con el temperamento, existe otro, tanto o más importante, que se refleja en la conducta y el rendimiento escolar: las inteligencias que describe Howard Gardner (1990) y que hasta hace relativamente poco empiezan a reconocerse en el área de la educación.

Hace no muchos años se consideraban inteligentes sólo aquellos que tenían habilidades matemáticas y lingüísticas, mismas que se han favorecido y entrenado, y que consisten, la primera, en la capacidad de análisis y lógica, y la segunda, en la habilidad del manejo de las palabras y del lenguaje.

Aparte de las inteligencias *lógico-matemáticas y la lingüística*, Gardner sostiene que existen otras inteligencias más:

- Cuando se posee capacidad para crear las propias metas y planes, así como para reflexionar en un trabajo de introspección, como lo hacen los meditadores y los místicos, así se tiene inteligencia *intrapersonal.*
- La *visual-espacial*, que consiste en la habilidad de visualizar, como lo hacen los arquitectos, navegantes, pintores, escultores, etcétera.

- La *musical*, que es la capacidad de crear e identificar patrones complejos de sonidos, tal como lo hacen los músicos y los compositores.
- La inteligencia *kinestésica* se refiere a la habilidad de utilizar el cuerpo, como lo hacen los deportistas, los bailarines, los cirujanos, etcétera.
- La capacidad para comunicarse bien, para empatizar, como lo hacen los terapeutas y los instructores efectivos, corresponde a la inteligencia *interpersonal.*

Las personas que tienen un estilo de aprendizaje orientado hacia las dos primeras inteligencias mencionadas funcionan muy bien en los sistemas tradicionales de educación. Sin embargo, quienes tienen más desarrolladas cualquiera de las otras inteligencias son descalificados y etiquetados como estudiantes de menor nivel de aprovechamiento, cuando el propio Gardner ha subrayado que de ninguna manera estas personas son menos inteligentes o, en todo caso, menos capaces para conseguir el éxito en actividades íntimamente relacionadas con sus propios estilos de inteligencia. Gardner ahora trabaja sobre otros tipos de inteligencia.

Los sellos, las etiquetas y sus efectos nocivos

Algunos profesores que se enfrentan a una serie de niños pequeños con su propio temperamento y su propio estilo de inteligencia, no tienen conciencia de que su éxito como profesores radica en ayudar a los niños a que generen una buena autoestima y que cada estilo de temperamento y de inteligencia, bien canalizados, pueden llevar al individuo a desarrollarse plenamente en concordancia con él mismo. Otra situación, de la que tampoco hay conciencia por parte de algunos profesores, es que los niños están estructurando su personalidad, con base en la forma en que asimilan las experiencias de la vida y que, por esa razón, todas las contribuciones que los adultos hagan, ya sea en sentido positivo o negativo a estas experiencias, serán grabadas en la mente del niño y formarán parte de su personalidad.

Aunque se esfuerzan por hacer lo mejor de lo que son capaces, no pocas veces los maestros, al sentirse incómodos, perturbados o enojados por las conductas de los alumnos que ellos consideran "negativas", toman el camino fácil y destructivo de buscar analogías entre las conductas inadecuadas de los niños con algunos animales que las simbolizan como el "cerdo" para quien no hace su tarea con limpieza; la "tortuga" para el que trabaja con lentitud, etcétera, y aplican las figuras de estos símbolos impresas con sellos en los cuadernos de los niños, esto con la intención de corregir las conductas indeseables, sin tomar en cuenta que la visión que el niño tiene de sí mismo afecta su comportamiento y que con estas comparaciones, lo que se consigue es que el niño se identifique con el símbolo en cuestión y busque parecerse a él.

Otra forma muy socorrida que se utiliza para que el niño "mejore" su rendimiento es la utilización de estos mismos sellos, pero con figuras de "caritas felices", cuando el niño hace lo que se espera de él, o bien "caritas tristes", cuando ocurre lo contrario. Con esta forma de evaluación, lo que se transmite al niño es que cuando no haga lo que el profesor quiere, será responsable de su alegría o tristeza, creencia que seguramente lo acompañará a lo largo de toda su vida y que lo hará fácil presa de la manipulación de los demás en el futuro.

Y qué decir de los signos de tache, que algunos otros maestros prefieren usar cruzando toda una página en la que se ha trabajado para manifestar al niño que se equivocó en una letra o en una operación matemática. Ésta es una forma bastante eficaz para desmotivar, frustrar y enojar a cualquiera que le haya dedicado cierto tiempo a alguna tarea y que, como retroalimentación, recibe un gran signo de "estás mal en todo lo que hiciste".

Los sellos, convertidos en etiquetas, pueden hacer un daño enorme e irreversible a la imagen propia y a la autoestima del niño, quien tendrá que pagar un alto precio por algo que no decidió y contra lo cual estaba indefenso, dada su corta edad.

Soy tu espejo y te reflejo

Maslow (1972) señaló que para que el ser humano llegue a la autorrealización, le es indispensable haber satisfecho sus necesidades fisiológicas como estar nutrido, limpio, cómodo, etcétera; las de seguridad, que consisten en sentirse lejos del peligro; las necesidades de pertenencia y amor: de afiliación a otros, de ser aceptado por el grupo; las necesidades de estimación: éxito, competencia, obtención de aprobación y reconocimiento, y sólo hasta tener cubiertas todas estas necesidades se llegará al desarrollo del pleno potencial. Es fácil deducir que el efecto de los sellos y las etiquetas impide la satisfacción de todas las necesidades del niño para que un día pueda llegar a la autorrealización. De aquí que resulte pertinente la reflexión acerca de la utilidad de estos métodos tradicionales como remedio para evitar conductas no deseadas y que, lejos de lograr este cometido, en el mejor de los casos, lo que se consigue con ellos es deteriorar el concepto que los niños tienen de sí mismos, así como de su propia estima y reforzar o incluso generar conductas indeseables, cuando el niño se adapte al papel que se le asignó dentro del aula.

La autoestima elevada proviene de las reflexiones positivas que se hacen en torno al niño, quien se valorará tal y como haya sido valorado por los demás.

Dorothy Corkille (1995) menciona que, para los niños, los demás son espejos infalibles que moldean literalmente su autoimagen y el niño se esfuerza por adecuarse a esa visión, intentando ser congruente con ella el resto de su vida.

Debido al constante contacto y al poder que los educadores ejercen sobre los alumnos, aquellos aportan mucho a la visión que el niño hace de sí mismo y, aunque no dependa de ellos para satisfacer las necesidades básicas, físicas y emocionales, sí los verá como una fuente de estímulo social y de competencia.

La escuela representa muchos nuevos obstáculos que el niño tiene que librar para sentir su capacidad y, al tomar conciencia de ella, sentirse apto y feliz de ser quien es; cuando se sienta criticado y señalado, la sensación de capacidad y fuerza será ajena a él.

Hay que tomar en cuenta que para el niño son más importantes las reacciones que los demás muestran ante sus incapacidades, que las incapacidades mismas, y que estas reacciones no sólo se expresan y materializan a través de sellos y taches visibles en los cuadernos sino también en el lenguaje oculto y no verbal que se expresa con gestos, tonos de voz, dobles mensajes, etcétera, en donde el niño interpreta juicios de valor que le dicen "eres bueno o eres malo" para esto o aquello, o "esto que haces es positivo o negativo", con lo que puede renunciar a partes naturales de su ser o bien, cultivar otras que no van con su temperamento.

La tendencia a juzgar a la persona y no la conducta crea confusión acerca de la identidad del niño: si cuando se equivoca le decimos "eres un tonto", en vez de "cometiste este error", la idea de tonto quedará incorporada como parte de su autoimagen, de su ser. No es lo mismo cometer una torpeza, que ser un torpe; lo segundo lo define y hace que evite tomar contacto con las fortalezas y recursos que le ayuden a enfrentarse a las situaciones de la vida. De aquí que, cuando se evalúa o reprende por algo a un niño, sea muy importante precisar a qué conducta concreta nos referimos.

La importancia de la autoestima

Enfatizar la importancia del fomento de la autoestima del niño en el ámbito escolar, así como el respeto a la naturaleza de los niños, tiene como finalidad generar en los profesores la convicción de que, más allá de la transmisión de una serie de conocimientos, nuestra misión debería enfocarse hacia la formación de individuos que puedan desarrollar sentimientos de capacidad y de valor personal, basados en la confianza y el respeto por ellos mismos.

Nathaniel Branden (1995) señala que quien ha desarrollado la autoestima vivirá con la convicción de que es competente para vivir y digno de ser feliz, enfrentará la vida con confianza, benevolencia y optimismo y podrá alcanzar sus metas y experimentarlas con plenitud. Mientras mayor autoestima, más capacidad habrá para enfrentar las adversidades, más posibilidades de ser creativo, de lograr el éxito, de entablar relaciones enriquecedoras, en las que prive el respeto y la buena voluntad: en pocas palabras, de sentir más alegría por el simple hecho de existir.

Las etiquetas como reforzadoras de la conducta

¿Por qué para el niño es tan importante lo que se le dice acerca de sí mismo? Porque está en pleno desarrollo y desde el punto de vista psicológico tiene que resolver cuestiones existenciales básicas que se refieren al cuestionamiento planteado en las preguntas *¿quién soy yo?* y *¿qué vine a hacer aquí?* y encuentra la solución en la información que su medio le va proporcionando; así, en la mayoría de los casos, si el medio le dice a un niño que es inteligente porque se le aplauden y fomentan los aciertos, éste se creerá inteligente y hará cosas inteligentes; del mismo modo que si se le dice que es despistado, tonto, sucio o antipático, lo creerá y hará en el mundo cosas propias de estos atributos.

Desde 1945 el doctor René Spitz descubrió que el ser humano tiene "hambre de reconocimiento" o de caricias –entendiéndose éstas como estímulos dados en forma intencional– equiparables con el hambre biológica de comida para sobrevivir, y encontró que para sentirnos vivos necesitamos de los estímulos de los demás y que, para obtenerlos, somos capaces de realizar las cosas más inverosímiles.

Cuando se reciben escasos reconocimientos positivos se buscarán los reconocimientos negativos, de la misma forma que cuando se siente hambre de comida y no la hay sabrosa, sana e higiénica, habrá de comerse lo que sea, aunque esto implique un serio daño a la salud.

Para el recién nacido, las caricias físicas son muy importantes; estos estímulos le ayudarán a madurar desde el punto de vista físico y mental, además de que irá teniendo una noción positiva de sí mismo; conforme el niño crece, esta necesidad de recibir caricias físicas, poco a poco se va transformando en la necesidad de recibir estímulos, no importa cuál sea la forma en que éstos se manifiesten.

Cada niño, en forma intuitiva, va experimentando hasta descubrir qué actitudes suyas le van a redituar un número mayor de caricias o estímulos por parte de los demás. Si no encuentra caricias positivas buscará las negativas, sin importar que, para conseguirlas, tenga que hacer las cosas más inaceptables para los otros, máxime cuando los propios adultos se las sugieren cuando le dicen: "no hagas tal cosa, porque te voy a regañar" y que el niño traduce como: "haz tal cosa para que te dé el estímulo que me estás pidiendo". Y lo peor es que se lo cumplimos, propiciando que el niño repita una y otra vez aquello que lo va a "nutrir" desde el punto de vista psicológico: ¡Está vivo!

Por lo que hemos visto, tenemos que los sellos y las etiquetas por más que lastimen y deterioren la propia imagen del niño cumplen la función de satisfacer el "hambre de reconocimiento" y que, en su búsqueda por satisfacerla, el niño repetirá una y otra vez la conducta buena o mala que se haya convertido en una de sus fuentes de caricias: entonces, no importa quién, el niño siente que es alguien; que tiene un lugar en el mundo, el lugar que su mundo le asignó: el de cochinito, el de estúpido o el de flojo, el que le es familiar y en el que permanecerá mientras no encuentre mejores opciones.

Como hemos visto, los sellos y las etiquetas negativas perjudican la autoestima y el desarrollo de los niños, pero las etiquetas positivas, sobre todo cuando se otorgan de una manera condicionada, tampoco son tan benéficas y el niño, para obtenerlas o para no perderlas, se presiona y muchas veces orienta su conducta hacia lo que se espera de él y no a lo que él haría si fuera natural y congruente con sus intereses, inteligencias y temperamento: ¿cuánta gente adulta hay que está en la actividad que le impusieron y que aceptó para no perder el reconocimiento ajeno, pero que no la hace feliz?

Apoyando la autoestima en el aula

Como hemos visto, tanto por la cantidad de tiempo que un niño permanece en la escuela como por la significación que los profesores representan en su vida, la escuela, y más concretamente el aula, pueden convertirse en un lugar de desarrollo cuando al niño se le ofrecen los estímulos y alicientes que le propicien crecer o bien puede representar el lugar en donde se quedaron desperdiciados grandes potenciales que no fueron identificados ni respetados por el personal docente.

Por la trascendencia que la escuela puede representar en la vida de los futuros adultos, es conveniente reflexionar acerca de los métodos tradicionales de la educación que han probado su ineficacia y replantearse la necesidad de un cambio constructivo a través del que los niños obtengan mejores expectativas para su vida.

A manera de conclusión, las recomendaciones prácticas que podemos hacer para mejorar el ambiente escolar y fortalecer al mismo tiempo la autoestima de los alumnos, son las siguientes:

- Asegúrese de haber reconocido las habilidades y las capacidades de sus alumnos.
- Procure hacer exposiciones que integren a todas las inteligencias, como juegos, dramatizaciones, reflexiones, la realización de mapas mentales, carteles, gráficas y la creación o el acompañamiento de canciones o música.
- No pretenda que todos sus alumnos uniformen su conducta, recuerde que cada niño tiene su temperamento y sus inteligencias y que bien canalizados pueden fructificar en resultados muy positivos.
- Evite hacer énfasis en una sola conducta del niño y tome en cuenta que todos somos capaces de hacer muchas cosas, pero que tenderemos a repetir aquellas por las que recibimos mayor reconocimiento y que lo de menos es si éste es positivo o negativo.
- En lo posible, procure ignorar o cuando menos no hacer énfasis en las conductas negativas de sus alumnos y estimular las positivas.
- Si tiene que corregir o llamar la atención sobre algo, sea muy concreto y califique el hecho, no a la persona.

- El afecto y la alegría de parte de los maestros son emociones que el niño puede asociar con el aprendizaje, de la misma forma que el enojo, el aburrimiento, la tristeza, etcétera; por esta razón evite hasta donde sea posible las segundas y propicie las primeras, sobre todo en los momentos de corregir alguna conducta indeseable.
- Ofrezca estímulos positivos incondicionales antes de que los alumnos empiecen a hacer cosas inadecuadas; recuerde que si el niño tiene satisfecha su hambre de estímulos, no necesitará hacer nada desagradable para satisfacerla.
- Refleje a los niños imágenes positivas de sí mismos, sea un buen espejo y hágales sentir que espera lo mejor de cada uno; ayúdelos a sentirse queridos y valiosos.
- Haga sentir importantes a los niños que generan problemas, asignándoles algunas comisiones especiales, como llevar el control de las inasistencias, del material didáctico, etcétera.
- Póngase en los zapatos de sus alumnos, recordando lo que le dolía a usted cuando era chiquito o pensando cómo se sentiría si usted estuviera en su lugar.
- Revise su autoestima, porque nadie puede ofrecer algo que no tiene. Si considera que no es tan elevada como usted quisiera, trabaje en ella para que usted mismo sea un profesor que se sienta orgulloso y satisfecho de lo que hace y de por qué lo hace, y verá que los resultados no se harán esperar.
- Predique con el ejemplo; la congruencia de nuestros actos con lo que decimos representa un modelo a seguir para los menores sobre los que influimos.

Consideraciones finales

José Luis Trauche (1996: 45-48), en su artículo *La autoestima del adolescente* (1996), señala: "las personas con un autoconcepto ajustado y positivo son más capaces de actuar en forma independiente, elegir y tomar decisiones, interactuar con los demás, afrontar nuevos retos, asumir responsabilidades, contradicciones y fracasos". De aquí que la consideración final de este capítulo no sea sino la propuesta enfática a los maestros de que hagan su mejor esfuerzo para que sus alumnos generen una buena autoimagen, un buen autoconcepto y, como resultado, una excelente autoestima.

Fuentes Documentales

Berne, E. (1976). *Análisis Transaccional en Psicoterapia.* Argentina, Psique.

Branden, N. (1995). *Cómo mejorar su autoestima.* México, Paidós.

Cinigliano, G. y **Forcade H.** (1984). *Análisis transaccional y educación.* Buenos Aires, Humanista.

Corkille, D. (1995). *El niño feliz.* Barcelona, Gedisa.

Cudicio, C. (1992). *Cómo comprender la PNL.* Buenos Aires, Granica.

Gardner, H. (1990). *Estructuras de la mente.* México, Fondo de Cultura Económica.

Goleman, D. (1999). *La inteligencia emocional.* Buenos Aires, Javier Vergara.

Grinder, R. y **Bandler J.** (1982). *De sapos a príncipes.* México, Cuatro Vientos.

James, M. (1986). *¡Libre!* México, Fondo Educativo Interamericano.

Kertész, R. (1977). *Manual de análisis transaccional.* Buenos Aires, Conantal.

Maslow, A. (1972). *El hombre autorrealizado.* Barcelona, Keirós.

Shinyashiki, R. (1993). *La caricia esencial.* Colombia, Norma.

Spitz, R. y **Induni G.** (1945). *Hospitalism: Genesis ofpsiquiatric conditions in early childhood. Psychoanalytic study of the child.* New York, Int, University Press.

Trauche García, J. L. (1996). *"La autoestima del adolescente".* Revista Educación 2001. 45-48.

Caridad Yela Corona

El discreto encanto de la disciplina

La escuela mexicana y el discreto encanto de su autoritarismo

La pregunta que me gustaría plantear no es ¿por qué estamos reprimidos? sino, ¿por qué decimos con tanto empeño que estamos reprimidos, con tanto rencor en contra de nuestro pasado más próximo, en contra de nuestro presente y en contra de nosotros mismos?

Michel Foucault

Casi todos los que hemos nacido en México nos formamos en escuelas tradicionales de legendaria trayectoria. No es un secreto que en nuestro país casi todas las escuelas, públicas o privadas, se precian de ser muy estrictas y rigurosas en sus procesos de selección, de evaluación, de acreditación y en los valores que las rigen desde su fundación, además de ser seguidoras de modelos tradicionales nacionalistas o religiosos, pero tan respetables como las mejores escuelas lancasterianas en su época.

Las reformas educativas van y vienen, pero la tozudez disciplinaria de la escuela mexicana es un sello indeleble que no se ha podido borrar de la práctica educativa ni de la médula de cada maestra y maestro, que se paran al lado de un pizarrón con un gis en la mano, a dictar resúmenes proclamando la verdad absoluta sobre un conocimiento o a dejar responder cuestionarios, que luego los alumnos deberán memorizar y que, junto con ellos, también les encargarán realizar copias de textos, como si el aprendizaje más profundo se realizara a través de ejercicios caligráficos. Todo esto ha dejado bien parada a la pedagogía parroquial de hace 300 años y a su método catequético, o en los procesos más refinados, a los maestros escolásticos y su célebre frase *magister dixit*, mientras los reformadores se quedan predicando en el desierto.

El pasado nos alcanzó

En una ocasión escuché en un programa de radio matutino una conversación entre el doctor Ernesto Lammoglia y el escritor Carlos Monsiváis; el primero afirmaba que la escuela estaba diseñada para hacer a los niños "obedientes" y "sumisos", que en ella se les enseñaba a vivir dentro de un sistema social "castrante, antidemocrático y anticrítico, cuyo principal valor es la obediencia" y que este sistema de "obediencia castrante es reproducido en la escuela, la cual a través de normas disciplinarias y autoritarias fomenta en los niños la apatía y la intolerancia". Por otro lado, Monsiváis opinaba que en realidad no era así, que "en la escuela los maestros enseñan lo que pueden y como pueden".

Estas percepciones tan radicales nos deberían convocar a la reflexión acerca de la verdadera labor educativa que realizamos los maestros en las escuelas, a saber qué tipo de labor, educativa o no, estamos realizando, a preguntarnos acerca de la imagen y las percepciones que sobre la labor docente tienen aquellos que no se dedican al magisterio, así como por qué no hemos podido desprendernos del autoritarismo que nos caracteriza.

Desde el punto de vista de las dos posturas anteriores, creo que en la escuela mexicana se presentan ambos casos. Dudo mucho que los maestros, conscientemente, esperen ejercer dentro del aula un control autoritario sobre los niños que se les han asignado a su cuidado.

El aula es una zona muy peligrosa donde, tanto maestros como los alumnos, son vigilados constantemente por los directivos escolares, quienes les imponen una manera de decir y de ejercer la enseñanza de un modo homogeneizador, sin tomar en cuenta las diversas realidades sociales que afrontan los maestros con cada alumno, en las que existen muchas más reglas coercitivas de las que podemos suponer, que no han sido explícitas en el reglamento escolar.

El maestro actúa, en algunos casos, temerosamente ante las autoridades escolares, por la vigilancia de que es objeto y por el papel que se espera desempeñe dentro de una escuela tradicional: el de una suerte de policía que vigila la conducta infantil, y si además puede enseñar algo, mejor. Así, el tiempo de un día escolar bien puede dividirse en vigilar, controlar y sancionar, en el que el contenido del aprendizaje se utiliza como la propia herramienta de control. De este modo, la escuela se convierte en un centro de vigilancia donde la mayor parte del tiempo está dedicada a controlar la disciplina grupal y la enseñanza se realiza en ese mismo ámbito de control. Para muestra tenemos algunas expresiones utilizadas por los profesores: desde la histórica frase "la letra con sangre entra" o sus versiones actualizadas: "no te puedes parar si no terminas", "si no hiciste la tarea no sales al recreo", "si no se callan no empezamos".

En las escuelas de nuestro país, un maestro es valorado por su "control sobre el grupo", por el papel de "adiestrador de la conducta" que desempeñe y, para que este valor no se vea cuestionado, aplica medidas autoritarias de disciplina aprendidas desde su propia infancia por medio de la vivencia escolar.

Por otro lado, también se siente atemorizado por el grupo de pequeños incorregibles que "ni sus madres pueden controlar" y la relación interna en el aula se vuelve un verdadero campo de batalla, donde a través del temor, la maestra es supervisada y los niños son sancionados. De ello encontramos innumerables ejemplos desde el nivel de preescolar, donde el comportamiento natural del niño es reprimido con sanciones, cuyo origen se pierde en el tiempo.

En las escuelas vemos niños sentados en su pupitre, viendo una hoja cuadriculada, delimitada por una raya roja –el margen–, teniendo que concluir una caligrafía repetitiva bajo la sentencia de "no te paras de ahí hasta que no termines las planas y recuerda que las mayúsculas van con rojo", tan parecida a la sentencia materna de "no te paras de ahí hasta que termines la sopa". ¿Qué haría la maestra si el pequeño terminara su plana a tiempo? ¿Qué haría la madre si su hijo comiera rápido la sopa? ¿Acaso la maestra lo pondría a hacer otra plana más para que se esté quieto o la madre lo pondría a ver la *tele* para que no moleste mientras ella hace algo importante?

La doctrina educativa del Estado mexicano, planteada en la Constitución de 1917, y aun antes, establece que la educación debe dirigirse a buscar la educación integral del niño armónicamente, a desarrollar su autonomía, su pensamiento científico crítico y creativo y su sociabilidad, y estos conceptos son el principal sustento de los planes de estudio que desde entonces se han venido diseñando para el Sistema Educativo Nacional. Pero los mensajes que repetidamente reciben los niños se suscriben a la palabra "no" o a frases condicionales como las anteriores. Y la respuesta que reciben las reformas, las teorías pedagógicas y los nuevos métodos de enseñanza es la de "no se puede porque...", apoyadas con la más férrea resistencia al cambio, donde esos "porqués" suelen convertirse en verdaderos detractores de cualquier innovación educativa que se tenga a bien sugerir como una mejora. "No se puede porque no hay tiempo suficiente... No hay materiales... No hay voluntad política... No hay motivación por parte de los maestros... Los maestros no están bien capacitados... Los padres de familia no cooperarán... Los niños no están preparados...", etcétera. La verdadera respuesta a todos estos "no" se encierra en una gran verdad: que todo cambio implica riesgos que los maestros no están dispuestos a tomar, porque con los que ya presenta la escuela tienen más que suficiente. Por lo menos hacen lo que sí es seguro: enseñar como ellos mismos aprendieron, lo que saben también lo aprendieron así. Y se repite el círculo de la enseñanza tradicional, en la que se concibe a la escuela como un espacio para homogeneizar el pensamiento, para uniformar el cuerpo, para controlar las diferencias sociales y personales y en un centro de control del tiempo personal.

De todos los procesos de cambio que se viven en la actualidad, el más lento es el referido a la educación. Si consideramos que las primeras propuestas de la escuela nueva o activa surgen al inicio del siglo XX, y que autores como María Montessori y Celestin Freinet se conciben en este momento como "educadores revolucionarios" y se estudian como autores utópicos, cuyas propuestas son irrealizables en el contexto de la escuela mexicana, llegamos inevitablemente a la conclusión de que no hay mejor momento para la pedagogía mexicana que su pasado glorioso y que los ideales educativos de autores como Ignacio Manuel Altamirano y Justo Sierra aún nos tienen que seguir iluminando.

La escuela mexicana ha vivido en crisis desde hace mucho tiempo, tratando de deshacerse de sus atavismos autoritarios y, al mismo tiempo, temiendo dejarlos. Temerosa de despertar y de aprender, se ha convertido en una escuela sumisa ante el poquitero consuelo de repetir, una y otra vez, que antes se enseñaba mejor que ahora, de decir que nuestras escuelas son de tradición y siempre han funcionado así... más o menos bien.

Es una cuestión de historia

Si nos alejamos un poco del punto de vista educativo para estudiar estas prácticas autoritarias de disciplina escolar y las apreciamos desde otro ámbito del saber, quizá podamos comprender por qué estas prácticas escolares no se han podido erradicar, a pesar de los intentos de innovación educativa que han planteado una y otra vez diversas reformas educativas y cómo éstas son parte fundamental de las prácticas sociales de nuestra sociedad tan poco democrática.

En su obra *Vigilar y Castigar* (1975), Michel Foucault nos abre una ventana al conocimiento de este fenómeno y nos da más elementos para interpretarlo.

Para entender la postura de Foucault es necesario entender la siguiente cuestión que planteó en su filosofía: ¿cómo se formaron "dominios de saber" a partir de las "prácticas sociales"? Lo que equivale en educación a preguntarse: ¿cómo se formaron los campos de saber pedagógicos a partir de prácticas sociales?

Establezcamos dos definiciones del concepto *práctica social,* aunque para Foucault (1975) no sería válido dar definiciones tajantes de sus conocimientos, debido a que siempre se opuso a que su pensamiento se codificara en un sistema filosófico rígido y cerrado. Entenderemos por práctica social el campo de la praxis, donde el sujeto del conocimiento que posee una historia despliega observaciones, técnicas y utiliza instrumentos a efecto de concederle estatuto científico a los resultados de su práctica de conocimiento. En otras palabras, es el campo de práctica de donde el sujeto extrae conocimiento para darle un estatuto científico y esas mismas prácticas sociales, diseñadas artificialmente por el científico social, son al mismo tiempo su fuente de conocimiento, por lo que Foucault (1975) dirá que el conocimiento que se extrae de las ciencias sociales es un "invento" que surge a partir de las prácticas sociales, es decir, el estudioso de la educación acaba viendo lo que quiere ver y termina estudiando el fenómeno educativo que él mismo ha generado, que en nuestro caso son las formas disciplinarias, que en la práctica implementan los maestros y el sistema escolarizado.

Foucault (1969) establece que las prácticas sociales a lo largo de la historia, y principalmente a finales del siglo XIX, engendraron dominios de saber, tales como:

- Nuevos objetos del conocimiento.
- Nuevos conceptos –acerca de la pedagogía o de otras ciencias sociales–.
- Nuevos sujetos de conocimiento –el pedagogo o especialista de la educación que estudia el fenómeno educativo–.
- Nuevas técnicas –disciplinarias y de control de la conducta humana–.
- Formas nuevas de sujetos del conocimiento –el maestro y el alumno como sujetos a ser conocidos–.

En el siglo XIX se formó un cierto saber del hombre y de su individualidad que lo calificaba de normal o anormal y determinaba a los que se encontraban dentro o fuera de las reglas, dentro o fuera de la normatividad social. Este saber nació de las "prácticas sociales" de control y de vigilancia. Por supuesto que las prácticas escolares –las reglas disciplinarias de cómo vestir, la forma en que podían ser sancionados los escolares en función de sus errores, travesuras, tareas y muchas otras prácticas sociales más–, todas esas reglas o prácticas son sólo algunas de las formas utilizadas por nuestro sistema escolarizado para definir diversos "tipos de subjetividad" normal o anormal, que generan formas de saber y de relaciones entre el hombre y la verdad. Por lo tanto, las formas de verdad que adquiera el sujeto, es decir, lo que va a creer sobre el mundo y la vida, se desprenderán de las prácticas sociales disciplinarias en las que participe, por tanto, las "formas de verdad" pueden ser definidas a partir de la "práctica disciplinaria".

Como principales formas disciplinarias que extraen formas de verdad, Foucault (1973) estudió a lo largo de la historia la evolución que éstas siguieron:

La prueba. En el mundo antiguo griego, se tenía como principio fundamental de la vida el acercamiento a la verdad por sí misma, donde se enfrentaban los individuos, conciencia a conciencia, para encontrar racionalmente la verdad. En esa búsqueda de la verdad no hay juez, no hay indagación, no hay sentencia; solamente se impone la prueba. Las dos voluntades son enfrentadas, "el saber sin poder y el poder sin saber", es decir, el discípulo que posee el saber sin poder, de antemano se parte de que él ya posee el saber, que sólo debe descubrir y el maestro, que es el poder sin saber, pues desconoce qué es lo que el alumno ya sabe y en este proceso no hay calificación ni sanción, sólo el descubrimiento mutuo de la verdad y el actuar consecuentemente ante ésta.

En el mundo griego, el que tenía el saber o el conocimiento sobre algo, aun sin tener poder, se imponía al sujeto que, aunque teniendo autoridad, no tenía el saber; sólo era válido el derecho de oponer una verdad sin poder a un poder sin verdad y actuar en consecuencia, sin que hubiera una autoridad coercitiva que impusiera una norma a seguir, de acuerdo con el resultado obtenido; solamente se actuaba en consecuencia a la verdad develada.

Así, los griegos generaron formas culturales de valoración de la verdad alejada de la corrupción de que a esa verdad podría oponerse el poder, la autoridad, y de normatividades legales, tales como:

- Formas racionales de prueba , como podría ser la demostración práctica de que se poseía un conocimiento o de que se sabía hacer algo.
- Arte de persuadir, de convencer sobre la verdad, que se enuncia con base en argumentos racionales.
- Conocimiento por testimonios y recuerdos.

Más tarde la *indagación* se aplicó en la Edad Media y era practicada por los filósofos de los siglos XV al XVIII; era una forma de la verdad en el sistema escolarizado, mediante la que se encontraba el origen de la *indagación* que hace el maestro para interrogar a un alumno que ha violentado ciertas reglas.

La *indagación* apareció en la Edad Media, como forma de investigación de la verdad en el orden jurídico. Servía para saber quién hizo qué cosa, en qué condiciones y en qué momento. Occidente elaboró complejas técnicas de indagación que enseguida fueron utilizadas en el orden científico y en la reflexión filosófica. Estas técnicas de indagación, que son una suerte de interrogatorios policiacos, que consistían en obtener los instrumentos de reactualización de hechos a través del testimonio, es un saber de vigilancia organizado alrededor de la norma, que busca el control de los individuos durante toda su existencia

En el siglo XIX se inventaron también a partir de problemas jurídicos y penales la forma de análisis, que Foucault (1969) denominó *examen,* y ya no *indagación*. Estas formas de examen dieron origen a ciencias sociales, como la criminología, la sociología, la psicología y la pedagogía.

El *examen* se establece alrededor de las normas establecidas y de los parámetros ideales de referencia de control, que se establecen para medir la conducta del hombre, basado en una forma de saber-poder, cuyo sustento ya no es el saber en sí mismo sino el saber supeditado al poder de la autoridad y, por lo tanto, este saber es desviado o corrompido por la óptica de quien juzga lo que es verdadero o falso, con base en sus criterios de autoridad y poder.

El *examen* en la pedagogía es el principal instrumento para obtener conocimientos acerca de lo que el alumno sabe o no sabe respecto de un conjunto de contenidos de aprendizaje. Mediante el examen el maestro ejerce el poder absoluto de calificar o descalificar a una persona, en función de las respuestas que obtenga de su aplicación, sin tomar en cuenta la meta alcanzada o el perfeccionamiento individual que el alumno ha construido, en relación con sus limitaciones iniciales. El examen se convierte en un instrumento de control, de vigilancia y de castigo. No sólo es utilizado para controlar el avance del alumno respecto del programa educativo sino que sirve de castigo en los momentos en que los estudiantes no han realizado las actividades académicas adecuadamente, de acuerdo con el criterio del maestro.

El orden de la modernidad: la sociedad disciplinaria

Como conclusión de lo anterior, Foucault (1969, 1975) establece que estas prácticas sociales y los conocimientos que de ellas se desprenden nos han llevado a la construcción de una "sociedad disciplinaria" y pretendidamente moderna. Esta "sociedad disciplinaria" nos ha conducido a organizar todas las actividades de la vida cotidiana, a través de instituciones que constantemente nos están marcando pautas de conducta que van construyendo las prácticas sociales. Éstas a su vez desarrollan una disciplina conductual que elabora normas que van rigiendo la vida en común dentro de las instituciones, como la familia, la escuela, la iglesia, los hospitales, los manicomios, los centros de reclusión y otros. El conjunto de estas instituciones integra lo que Foucault llama la "ortopedia social", que son el conjunto de instituciones dedicadas a vigilar, controlar y castigar todas aquellas conductas que se salgan de la norma, de los parámetros establecidos como normales en la convivencia social y son encargadas también de rehabilitar a los elementos sociales disidentes.

La "sociedad disciplinaria" (Foucault, 1975), como podemos entender, es uno de los elementos que han perpetuado las prácticas sociales disciplinarias autoritarias en el interior de las escuelas, y que ha encomendado a los maestros la tarea de desarrollar la ortopedia social por medio de la disciplina escolar. El docente entonces le dedica su mayor tiempo y esfuerzo a la práctica de entrenar a sus discípulos en la aplicación de estas conductas aceptadas socialmente, mientras que los contenidos científicos y tecnológicos son marginados a un segundo plano de la práctica escolar.

Así, tenemos que dentro de la realidad escolar, lo que reviste mayor importancia son los sujetos de conocimiento y las relaciones de poder que se ejercen entre el director, subdirector, prefectos, maestros, padres de familia y alumnos, donde se establece quién manda a quién, quién informa a quién y quién es responsable de qué.

En segundo término tenemos las prácticas disciplinarias que van desde una amonestación grupal o individual, la reunión en privado con el director, la amonestación por escrito ante los padres, la acumulación de reportes, los trabajos o tareas extra dentro de la escuela o en casa, hasta llegar a la expulsión temporal o definitiva.

Enseguida tenemos las formas de saber social,que van desde prácticas costumbristas de formarse en línea, tomar distancia en la formación, pasar lista, usar el uniforme escolar, llevar los libros y útiles escolares en la forma y cantidad indicadas, hasta las indicaciones de cómo y cuándo se puede entrar o no a la escuela y al salón de clases, o cuándo se puede o no hablar, pararse, sentarse, ir al baño, comer, etcétera.

Al último queda siempre el desarrollo del proceso enseñanza-aprendizaje, y siempre y cuando ya se haya cumplido con todos y cada uno de los prerrequisitos anteriores, podrá acceder al conocimiento, porque si no se porta el uniforme adecuadamente, si no se cuenta con los útiles adecuados y si no se habla sólo cuando se indica, el alumno sabe que será excluido de la enseñanza.

Esta escuela autoritaria utiliza uno de los elementos más importantes de la concepción de la sociedad disciplinaria, a saber, el concepto de "peligrosidad", introducido a finales del siglo XIX. El concepto de peligrosidad implica considerar al individuo dentro de la sociedad, en función de su nivel potencial de insubordinación, es decir, a su potencialidad de maldad y no en cuanto a los actos considerados moralmente buenos o malos que haya realizado sino a los que sería capaz de realizar si se le permitiera.

De ahí que el papel que se le asignó a la escuela al inaugurarse la sociedad moderna, y del cual no ha podido desprenderse, fue el de ser una institución de "ortopedia social", que desempeña una función preventiva y vigilante más que correctiva. En la escuela, el sujeto está atado a las normas establecidas para evitar que cometa alguna alteración al orden preestablecido. Si a pesar de la vigilancia y el control éste pretende subordinar el orden establecido, no será corregido sino marginado del núcleo escolar, es decir, expulsado.

Debido a esta actitud escolar excluyente tenemos muchos ejemplos de cómo la escuela ha perdido a sus mejores elementos. Sin proponérselo ha creado generaciones de personajes connotados en el mundo intelectual y político, que promovieron con su vida el autodidactismo y que guardan los peores recuerdos de su educación escolarizada.

Conocidos son los casos de Albert Einstein, que fue reprobado en los cursos de matemáticas por sus maestros y de Tomás Alva Edison, que tuvo que ser retirado de la escuela por su madre a los ocho años y educado por ella debido a que sus maestros autoritarios lo castigaban constantemente. Y frases lapidarias, como la pronunciada por Winston Churchill en una entrevista en la que dijo, refiriéndose a los maestros, "los que pueden lo hacen, los que no pueden enseñan", o como la expresada por Jorge

Luis Borges quien, comentando acerca de su vida, dijo que su proceso de enseñanza-aprendizaje fue interrumpido por el sistema escolarizado.

Estos y otros testimonios nos dan la pauta para comprender que la escuela autoritaria, construida a lo largo de los siglos y refinada durante el propio proceso de modernidad de la sociedad, ha sido la cómplice perfecta de una sociedad institucionalizada y disciplinaria, que para continuar reproduciendo su *statu quo* de orden y progreso, tiene que someter a una estricta vigilancia a los sujetos que se salgan de las normas o que pretendan cambiarlas de alguna forma.

El "control" de los individuos, a nivel de su potencialidad de peligrosidad, la noción de prevenir, no de castigar, en relación no con lo que el alumno hace sino con lo que sería capaz de hacer, genera en el interior de la escuela una serie de figuras de autoridad, delegadas directamente de la figura del director, Éstas integran una serie de poderes colaterales, tales como el prefecto, el vigilante, el tutor, el titular y el jefe de grupo. Esta "red de vigilancia" permea las relaciones de la comunidad educativa, creando un ambiente de sociedad vigilante y no una comunidad de aprendizaje.

La máxima utopía de control social que pudo ser creada por el mundo moderno es el concepto de *panoptismo*, que establece una sociedad organizada alrededor de un anillo en medio del cual hay una torre vigilante (Foucault, 1975). El anillo está dividido en pequeñas celdas cuyas puertas dan al interior del anillo, por lo que la torre que se ubica en el centro puede observar a su alrededor y ver todo lo que pasa en cada una de las celdas, puede ubicarse a un niño aprendiendo a escribir, a un obrero trabajando, a un burócrata en su escritorio, etcétera. En la torre central hay un vigilante cuya mirada toca la de todos y todo lo que el individuo hace está expuesto a la mirada del vigilante, quien puede verlo todo sin que nadie pueda verlo a él. Esta concepción social que parece sacada de una película de ciencia-ficción, refleja cercanamente lo que el proceso de modernización trata de lograr en la sociedad contemporánea y a la que tan fuertemente han tratado de oponerse los filósofos postmodernos. Para el caso de la educación mexicana, podemos decir que la visión panoptista se encuentra establecida en su pedagogía normativa.

Indagación o normatividad: el ser o deber ser de la educación

Frente al autoritarismo de la escuela mexicana, que actualmente responde a la lógica de una sociedad que vive en pleno auge de la modernidad, la pedagogía presenta una disyuntiva. La primera opción es seguir por el camino de la pedagogía normativa que establece el "deber ser" del desarrollo del hombre y de su vida bajo parámetros ideales de perfección, que se sabe de antemano inalcanzables. En ésta sólo existe un ideal de verdad, bondad y belleza preestablecido dentro de una sociedad moderna perfecta, que para alcanzarlo se tiene que vivir bajo una norma disciplinaria que rechaza lo que considera imperfecto, anormal y rechaza a los portadores de esta imperfección. La segunda opción es abrir nuevos caminos hacia una pedagogía descriptiva y de la indagación, que permita comprender los porqués de la esencia humana y valorar sus triunfos con base en el mérito alcanzado desde un punto de partida real, en función de lo que "se es" y de lo que "se hace".

La pedagogía normativa parte de un "deber ser", buscando un ideal en la perfección a través de:

- Una forma de saber que se apoya en el examen y la vigilancia.
- Su objetivo es vigilar permanentemente a un individuo, por parte de alguien que tiene poder.
- Quien tiene poder tiene la posibilidad de vigilar y de constituir un saber sobre aquellos a quienes vigila.
- Es un saber que trata de verificar si un individuo se conduce o no como debe, si cumple las reglas, si progresa o no.

- Este saber se organiza en términos de asistencia o ausencia, se organiza alrededor de la norma, establece qué es normal y qué es anormal, qué cosa es correcta y qué cosa es incorrecta, qué se debe hacer y qué no se debe hacer.
- Parte del "deber ser" para alcanzar un ideal de perfección, que de antemano se sabe inalcanzable, porque es un ideal no real, establecido por imágenes etéreas de sabiduría o santidad.
- Utiliza métodos para vigilar y examinar.

La pedagogía descriptiva parte del ser real de la educación e indaga acerca del cómo se realiza el hecho educativo a través de:

- Formas de saber que se apoyan en la indagación.
- Métodos para saber lo que había ocurrido, cómo había ocurrido y por qué.
- El testimonio recae sobre un sujeto capaz de saber.
- El saber se construye indistintamente entre el poder sin saber y el saber sin poder.
- Saber que se caracterizaba por determinar si algo ocurrió o no.
- Parte del hecho educativo "en sí", comparándolo con la evolución desarrollada del pasado al presente.
- Determina avances en un proceso de desarrollo, sin marcar ideales inalcanzables sino la progresión entre el ayer y el hoy, marcando aciertos parciales y momentos de perfección , pero también retrocesos significativos.
- Compara el triunfo de un individuo en el desarrollo de sus conocimientos y habilidades, con base en su situación anterior y no con respecto a metas educativas y normas estandarizadas a alcanzar o marcos ideales de referencia.
- Su objetivo es reactualizar un acontecimiento del pasado.

Queda claro que en la práctica escolar, la pedagogía normativa influida por el concepto de panoptismo ha reactualizado y sofisticado las actividades autoritarias que se desarrollan dentro de la escuela mexicana, que con su tradición autoritaria y anticrítica fomenta en los niños los valores de la obediencia, del respeto ante la autoridad y de la sumisión ante las teorías del conocimiento científico, técnico y social que debe considerar como inapelables. Así tenemos, por ejemplo, la construcción de una historia oficial y esterilizada en la que se enseña a los niños que el valor supremo de un mexicano debe ser defender a la patria hasta la muerte, porque son más valiosos los héroes patrios muertos que vivos. En la escuela mexicana se enseñan las leyes científicas de la física y las matemáticas como si fueran verdades teológicas, así tenemos que se deben memorizar las tablas de multiplicar con tanto fervor como los Mandamientos, sin que sea necesario comprender que su uso es para simplificar el algoritmo de la suma.

De esta forma, el autoritarismo escolar es un modo de poder que se ejerce sobre los individuos a través de la vigilancia, el control y la corrección en función de ciertas normas y que, para Foucault (1973), son las características de las relaciones de poder de nuestra sociedad moderna. Vigilar, controlar, corregir sobre el individuo a través de las relaciones de poder social que pueden tener o no el saber, eso es lo de menos. Es lo que llamaría la arquitectura del panoptismo como símbolo de aquel sistema que es capaz de hacer que una única mirada pueda recorrer el mayor número de rostros, cuerpos y actitudes. Todo lo opuesto a la arquitectura griega, que ofrecía el espectáculo de un individuo, un gesto o un acontecimiento al mayor número de personas.

Por tanto, la sociedad moderna ofrece al individuo instituciones de reclusión, como la escuela, que al mismo tiempo que lo alejan de la contaminación del mundo real y le proporcionan la seguridad de la certidumbre, también aportan la acción de secuestrar su trabajo, su tiempo y sus diferencias culturales y personales en una actitud de incluirlo en la sociedad moderna con el fin de reproducir la normalización de una sociedad bonita, sin problemas, muy *light*.

Funciones del maestro autoritario

No podemos negar lo perfecta que ha resultado la estructura autoritaria de las escuelas mexicanas que a lo largo de los siglos y a pesar de las reformas educativas, continúa dando vida a la sociedad disciplinaria. Por eso trataré de establecer el papel que el maestro ha desempeñado en este proceso.

Cuatro son las principales funciones que desde el punto de vista de Michel Foucault (1973) desarrollan las "instituciones de secuestro" y que no por coincidencia se parecen a las actividades que realiza un maestro de escuela en sus actividades de control grupal:

- Explotar la totalidad del tiempo del individuo para transformarlo en tiempo de trabajo.
- Controlar, formar y valorizar el cuerpo del individuo a fin de que se convierta en fuerza de trabajo cada vez más productiva.
- Ejercer un poder polimorfo.
- Ejercer un poder epistemológico a fin de extraer formas de saber.

Explotación del tiempo del individuo

Las instituciones médicas, penales, pedagógicas e industriales, tienen la curiosa función de controlar el tiempo de los individuos. El objetivo es ajustar el tiempo del individuo –tiempo de vida, tiempo de existencia– al aparato productivo. Foucault (1973) destaca que una de las condiciones para el surgimiento de la sociedad industrial es que haya una transformación del tiempo en trabajo.

Así, tenemos que el mundo griego divide el tiempo en dos tipos de actividades fundamentales que realizaban estableciendo lo que ellos llamaban "el ocio y el negocio". Un ciudadano debía dedicar un tiempo de su vida cotidiana al negocio, que se consideraban una actividad vulgar y de baja estima, para luego poder tener tiempo de dedicarse al ocio, es decir, a la contemplación y a la especulación filosófica, actividad de gran prestigio entre la sociedad pudiente.

En la sociedad contemporánea la totalidad del tiempo del individuo se trata de utilizar en el negocio, es decir, en la producción, desvirtuando el concepto del "ocio" a la pérdida del tiempo y constriñendo su papel a la generación de todos los vicios, como dice el dicho, "la ociosidad es la madre de todos los vicios".

Por lo anterior se enseña a los niños a no perder el tiempo y a rendir en el trabajo escolar, tal como dicen los padres: "el trabajo de los niños es ir a la escuela". Como si la escuela fuera la extensión de una fábrica donde a los niños preescolares se les utilizara como pequeños artesanos que deben producir trabajos manuales, y a los alumnos de primaria se les instara a que llenaran sus cuadernos y respondieran los ejercicios de los libros de texto a destajo desvirtuando su papel de constructores de su propio aprendizaje por el de resolvedores de cuestionarios.

Así la escuela se convirtió en un centro de secuestro del tiempo infantil, donde el niño es recluido unas horas al día no para ser educado sino para ser vigilado y controlado, mientras sus padres van a trabajar. La escuela no es valorada como centro del saber y del crecimiento humano sino como centro custodio de la infancia y de los jóvenes antes de que éstos entren al mercado laboral.

Control del cuerpo

Las instituciones educativas suponen una disciplina general del cuerpo y de la mente que se traduce en una "ortopedia social", donde no sólo los maestros tienen que formar y disciplinar la mente de los escolares sino también sus cuerpos, porque se supone que el orden externo y el recogimiento que demuestre el cuerpo son indicativos de un orden mental. Consideran que la disciplina externa de un salón de clases es condición indispensable para iniciar un proceso de enseñanza.

Las instituciones educativas deben encargarse no sólo de la función particular de transmitir conocimientos sino también de ejercer sobre los individuos un control de la totalidad de su existencia. Para Foucault (1973), las "instituciones de secuestro" tienen el doble objetivo de explotar la totalidad del tiempo para transformarlo en tiempo de trabajo y también de controlar el cuerpo a fin de convertirlo en fuerza de trabajo. Así, para estas instituciones, el cuerpo debe convertirse en algo susceptible de ser formado, reformado y corregido para que adquiera aptitudes, cualidades y destrezas que lo califiquen como un cuerpo capaz de trabajar.

Los niños son iniciados en este proceso a través de las disciplinas que les imponen sus maestros y que van en contra de su propia naturaleza, como por ejemplo, el hacer que los niños permanezcan sentados, cuando su inclinación natural es el movimiento; hacer que callen cuando lo que necesitan es expresar sus ideas, sentimientos y experiencias; hacer que trabajen cuando su necesidad vital es la de jugar, a pesar de que el maestro sabe que el juego es su principal fuente de conocimiento y de desarrollo mental y social.

Poder polimorfo

El poder polimorfo, de acuerdo con Foucault (1973), es el que se ejerce en las "instituciones de secuestro"; este poder polimorfo se compone de una serie de "micropoderes" que se verifican en su interior, tales como:

- El poder compensatorio, que se refiere al apego a la disciplina con el fin de formar individuos obedientes y dóciles para la "sociedad disciplinaria", en la que los alumnos que se comporten de acuerdo con las reglas establecidas recibirán alguna compensación como premios o medallas de buena conducta.
- El poder político, que ejerce el maestro a través de dar órdenes, establecer reglamentos, imponer sanciones y prescindir de aquellos estudiantes que no cumplen con las expectativas sociales a través de la expulsión.
- El poder judicial, que es ejercido por el director o delegado al maestro y que entre otras cosas castiga, recompensa, hace comparecer.

Con esto, la escuela "moderna" se convierte en una especie de "microtribunal permanente" formado por los guardianes-maestros y el director, quienes vigilan y controlan al alumno. Una vez que han valuado su conducta, tasado y comparado por medio de los marcos ideales de referencia a los que se remiten las autoridades para juzgar cada acción, desde el punto de vista ético y desde sus parámetros de normalidad, se evalúa para marcar quién es el mejor y quién el peor. Después de dar su dictamen final, el sistema escolar se atribuye la facultad de castigar o recompensar asignando calificaciones aprobatorias o desaprobatorias, colgando medallas a los buenos estudiantes y remitiendo a repetir el proceso a los alumnos que se salieron de la norma.

Poder epistemológico o las formas del saber

El poder sobre el aula va más allá de ejercer una "ortopedia social". Así, el maestro, a través del ejercicio de su poder, también extrae un saber a partir de la observación pedagógica, que luego se convierte en ley de funcionamiento de sus propios conocimientos.

Este último poder que ejerce el maestro es el de extraer un saber de quienes son vigilados a partir de su comportamiento. Los alumnos son estudiados, diagnosticados, encasillados y etiquetados en categorías construidas por el mismo saber pedagógico del maestro, que no permite que el niño hable por sí mismo y dé a conocer su valía como persona sino que se convierta en el objeto de la investigación educativa, encerrando su realidad en una estadística y una teoría, en la que puede o no encajar. Así surge la tipificación de los estudiantes: aplicados, burros, listos, flojos, traviesos o incorregibles, sello que los perseguirá toda su vida escolar.

¿Qué hay del futuro?

Ya es tiempo de que la escuela mexicana se vea como es y de que asuma sus responsabilidades ante la sociedad que ha cooperado a construir. Ya es tiempo de que este sutil autoritarismo sea reconocido como el principal obstáculo que no ha permitido que las reformas educativas hayan cuajado a lo largo de su historia. Es preciso comprender que el autoritarismo que asume el maestro en cada una de sus clases es un legado histórico del que ha sido víctima y victimario. Este doble rol que ha desempeñado no le ha permitido dignificar como merece su profesión y hacerla respetable dentro del ámbito de las otras profesiones humanistas.

La sociedad mexicana ha luchado a lo largo de su historia por rescatar los valores de su tradición ancestral y, al mismo tiempo, se esfuerza por recuperar el tiempo perdido que le tomó ir a la zaga con la modernidad. Al llegar a ésta se da cuenta de que no era la panacea esperada, con la que todas las contradicciones sociales, económicas y políticas se resolverían sino que, al contrario, ha resultado ser el camino más directo para agudizarlas y de eso tenemos como muestra palpable a la educación. El proceso de modernidad no ha erradicado el autoritarismo heredado de la tradición escolar mexicana en la educación sino que lo ha sofisticado, haciéndolo cada vez más imperceptible y más eficaz.

Es necesario comprender la profundidad del autoritarismo en la escuela mexicana y conocer los valores que tradicionalmente lo han sustentado, como la obediencia, la uniformidad, el silencio y la resignación. Ante esto, a los maestros nos toca contraponer valores opuestos a los establecidos por el autoritarismo, como son la tolerancia, la diversidad y el pluralismo, viviéndolos con respeto y aceptación.

Hay muchas prácticas dentro del proceso de enseñanza-aprendizaje que deben ser estudiadas y replanteadas para ser transformadas, como son el sentido, la utilidad, las prácticas de la evaluación del aprendizaje y los incentivos o premios a la "buena conducta" tan utilizados en nuestro medio.

El autoritarismo no es un juego de niños, es una circunstancia de vida que se desprende de nuestras formas de saber. Genera prácticas sociales de control y disciplina social a todos los niveles de la trama comunitaria de la sociedad. Es necesario que los maestros conozcan el papel que están realizando al participar de estas prácticas sociales, que inician al niño en un proceso de aceptación del autoritarismo como algo normal de la sociedad a la que pertenece.

Por otra parte, todas estas discusiones sobre la negación o aceptación del autoritarismo de la escuela en México nos han alejado del problema más angustiante que genera el autoritarismo escolar, que es la reproducción de la marginación en la que viven los niños más desamparados de nuestra sociedad, quienes por su misma condición cultural, económica y social pauperizada llegan con enormes desventajas a la escuela. Cuando logran acceder a ella, dentro de la cual en realidad no tendrán cabida, las múltiples exigencias de su sistema autoritario, a las cuales los niños en situación de riesgo no tienen la capacidad para responder, les impedirán permanecer en ella.

La propia escuela, debido a su afán de buscar la perfección, la normalidad y la estandarización social, genera su propia paradoja: acrecentar la inequidad social. Por ello terminará por expulsar a estos niños, colocándolos en una situación aún más vulnerable que la original, pues les arrancarán la posibilidad de tener una vida mejor porque, además de ser marginados por la sociedad, serán marginados por el sistema educativo que terminará por robarles lo único que tenían... esperanzas.

Fuentes Documentales

Foucault, M. (1975). *Vigilar y Castigar*. México, Siglo XXI.
Foucault, M. (1973). *Las Verdades y las Formas Jurídicas*. Barcelona, Gedisa.
Foucault, M. (1969). *La Arqueología del Saber*. México, Siglo XXI.
Landreum, G. (1995). *Perfil de los Genios*. México, Edamex.

Claudia Romo Sabugal
Alejandra Monsalvo Verazas
Graciela Murillo Morales

DURMIENDO CON EL ENEMIGO

Los padres de familia: amigos o enemigos

> *La educación es el arte de modificar, de cultivar y de instruir a los hijos, de modo que lleguen a ser hombres útiles y agradables a su familia y a su patria, y capaces de hacerse a sí mismos felices.*
>
> **Barón de Holbach**

En cierta ocasión una maestra observó que los alumnos de su grupo perdían muchas de sus pertenencias y frecuentemente éstas se hallaban tiradas en el salón. La maestra colocó una caja al frente del salón para poner las cosas que todos encontraran tiradas y no fueran suyas; la idea era fomentar en los niños el respeto a lo que no es suyo, así como mantener el orden en su salón, evitando así que hubiera cosas tiradas y maltratándose. El niño que perdía algo lo encontraba en la caja. Pero un día la maestra observó que una de las niñas sacaba de la caja todos los lápices y colores perdidos y cuando le preguntó si eran de ella, le respondió que no, pero que su mamá le había dicho que llevara a su casa todos los que pudiera, les quitaba el nombre y se los repartía a ella y a sus hermanos. Esta situación nos invita a reflexionar sobre el papel de los padres de familia, pues en este caso se presentan como opositores de las iniciativas de los maestros.

Otro ejemplo que ilustra lo anterior, es cuando la maestra indicó a sus alumnos que la tarea para el día siguiente sería investigar cómo se hacen las tortillas. Es común que las tortillas se vayan a comprar diariamente antes de la comida a la tortillería, en donde a la vista de todos se elaboran con una máquina en la que se coloca la masa. Después de un proceso, salen calientitas y una persona las despache, pesándolas con una báscula, a las personas formadas en una fila con su servilleta. Cuál sería la sorpresa de la maestra al día siguiente cuando al llegar a la escuela la esperaba una persona sumamente molesta en la dirección, por la tarea que encargara a sus alumnos. Era un padre de familia que argumentaba que los niños de primer año no podían investigar. La maestra intentó explicarle que desde primer año los niños deben tener acceso a la información a través de diferentes fuentes: su observación, el diálogo con sus padres o bien, su propio libro de texto.

A partir de ese momento comenzó a ser difícil el entendimiento entre la maestra y este padre de familia. La razón quería fundamentarse con la idea cada vez más frecuente en los padres de que "su hija era todavía muy chiquita y no podía hacer esas cosas". Sucede que en muchas ocasiones son los padres quienes hacen esas labores.

Al no estar de acuerdo con el maestro, muchos padres de familia se convierten en sus oponentes y, lejos de colaborar con él, se dedican a violentar de alguna manera todo lo que propone, incluso decir a sus hijos que no le hagan caso. Al maestro lo insultan, llegan a amenazarlo y hasta a demandarlo, cuando hay caminos posibles para el diálogo y el entendimiento entre mentores y padres de familia.

Seguramente muchos maestros tendrán en su memoria alguna situación en su vida magisterial, en la que los padres de familia se presentaron como adversarios del maestro y coincidirán con nosotras en que no es agradable trabajar así para ninguno de los actores del proceso educativo. Por ello quisiéramos analizar el papel de los padres de familia, de los maestros y de los dos en conjunto para que, de esta manera, cada uno asuma su papel en la educación de los niños y todos trabajen en la misma dirección, dejando de lado los malos entendidos que son factores negativos para un ambiente escolar.

Cuando un niño nace, recibe la primera educación en el seno de la familia. La educación inicial deja una huella indeleble en la vida del niño; es entonces cuando desarrollan los primeros hábitos y valores, asume actitudes y adquiere conocimientos. Cuando llega a la edad escolar, los padres comparten la tarea de educar a sus hijos con los profesores y con la institución. Aquí se inicia la controversia de la participación de los padres de familia en la educación escolar y la de los profesores en la familia. Sin duda, los padres aguardan que la escuela contribuya al desarrollo físico, moral, intelectual y afectivo de sus hijos; muchas veces la escuela y los profesores no cumplen tales expectativas, tal vez por sus conceptos y la experiencia que los padres tienen sobre educación. En algunos casos esperan repetir con sus hijos lo que ellos vivieron en su infancia y otras veces lo que menos desean es que tengan las mismas experiencias y reciban el mismo trato.

Lo cierto es que los padres de familia y los maestros deben ser conscientes de su papel, tratar de colaborar mutuamente y no presentarse como opositores. Después de todo los une la misma intención de educar al niño.

Cuando va a comenzar un ciclo escolar, cada maestro se encarga de preparar planes de trabajo, material didáctico y listas; de revisar que el salón se encuentre en buenas condiciones y, por supuesto, de colocar algunos adornos y mensajes que motiven al grupo a construir su aprendizaje con alegría. Por fin llega el primer día de clases. El maestro recibe a sus nuevos alumnos y tal vez conozca ese día a sus padres. Hay padres o madres de familia que desde este momento se presentan ante el profesor que guiará a su hijo o a su hija a lo largo del año escolar, pero también, desgraciadamente, habrá padres de familia que durante todo el curso no muestren interés por mantenerse al tanto del avance de sus hijos. Habrá otros también que "no se despeguen de la escuela y del maestro", llegando al extremo de la sobreprotección y de la interferencia con el trabajo docente, en lugar de ser una compañía que refuerce su labor.

Es importante, diríamos que necesario, que entre el maestro y los padres de cada alumno exista una comunicación adecuada, en la que haya una retroalimentación que brinde a los niños una guía segura y complementaria, tanto en la escuela como en la casa. El que padres y maestros trabajen juntos provoca que los alumnos se sientan seguros en su desarrollo y que éste sea integral.

La misión de la familia

Alexander Lyford Pike, en su libro *Ternura y firmeza con los hijos* (1999), menciona lo siguiente:

"La tarea de educar es tal vez la principal misión que puede tener una persona. No es suficiente con traer un niño al mundo: hay que educarlo y los primeros responsables de él, ante Dios y ante la sociedad, son los padres. Esa responsabilidad es indelegable ante nadie, ni ante los colegios ni ante el Estado. Por eso son su apoyo y esperanza, mientras los hijos van aprendiendo a valerse por sí mismos; el 'tutor' es igual a la vara que se coloca junto a un árbol recién plantado para asegurar que crezca derecho."

Entre los pueblos indígenas, nuestros antepasados consideraban muy importantes las atenciones y cuidados que se le daban al niño, porque dentro de la familia ocupaba un lugar muy importante. Los aztecas, por ejemplo, consideraban que la familia debía dar al niño fortaleza y autocontrol; se le asignaban tareas para realizar y consejos prácticos que moldearan el carácter, como recoger semillas, ir por leña, traer el agua, etcétera. La familia era la que daba protección, amonestaba y corregía: enseñaba a ser dueño de uno mismo. A medida que ha pasado el tiempo, en nuestro país la familia trabaja en esa misión de educar a los hijos, respondiendo así a un derecho natural, como lo refiere Marcel Clement (1974) en su libro *La educación de los hombres*: "Corresponde a los padres la responsabilidad directa e indirecta de la educación de los hijos que han traído a este mundo. La naturaleza les atribuye imperativamente este derecho."

En muchos casos, tal parece que los padres de familia se olvidan de este deber o bien intentan delegarlo a la escuela o a los abuelos o bien lo confunden con brindar comodidades y bienes materiales a sus hijos, en vez de atender y apoyar su educación.

En una ocasión, en un grupo se organizó una junta de inicio de curso. Cuál sería la sorpresa general al escuchar decir a una señora que esa sería la única ocasión en que la maestra la iba a ver, porque ella era una persona muy ocupada y no tenía tiempo. Esta situación nos llevó a reflexionar acerca de que si bien es cierto que la situación económica exige a los padres más atención, también lo es que en el hogar se debe poner atención al desarrollo personal de cada uno de sus miembros y buscar momentos y espacios para convivir y compartir. También deben buscar alternativas para promover la comunicación con los maestros de sus hijos, mejor aún, para propiciar la convivencia, conocer las necesidades e intereses de sus hijos y poner especial atención al desarrollo de las virtudes humanas. Como lo señala David Isaacs (1988) en su libro *La educación de las virtudes humanas*: "La familia es, por tanto, la primera escuela de las virtudes humanas sociales que todas las sociedades necesitan."

El niño debe desarrollar en el hogar virtudes, como la sinceridad, la responsabilidad, la fortaleza, el respeto, la perseverancia, la laboriosidad, la justicia y la paciencia, entre otras, y forjar hábitos en relación con el cuidado de la salud, la prevención de accidentes, la puntualidad, el aseo personal, el orden, etcétera, que se aprenden no sólo en una clase con sus profesores sino en la convivencia y el ejemplo de las personas que nos rodean. Los padres de familia no deben olvidar que "educar es tratar de convertir lo imperfecto en perfecto en el grado que sea posible" (Miguel Beltrán, 1986). Por eso, el ejemplo de los padres es determinante en la formación de los hijos.

Miguel Beltrán (1986) expone en la obra citada que, para educar, los padres necesitan dos cosas: ciencia y conciencia. Nosotros diríamos, ciencia para saber orientar a sus hijos y conciencia de la trascendencia social de la educación de sus hijos. "Educar es preocuparse menos por los hijos, y ocuparse un poco más de ellos." (Miguel Beltrán, 1986:15). La familia debe ser una escuela para el humanismo, "porque hay que aprender siempre, durante toda la vida, a ser personas" (Miguel Beltrán, 1986:22).

La misión de los padres de familia es amar a los hijos, ¿cómo puede desarrollarse una persona que no siente el amor y el afecto de sus seres queridos? Viene a nuestra mente el recuerdo de una alumna que, al nacer, fue rechazada por su madre —una muchacha que hoy que la recordamos tiene dieciséis años de edad— y sufrió siempre terribles depresiones por esta razón, al grado de que puso en riesgo su vida. Paradógicamente muchos padres caen en el otro extremo, el de quererlos tanto, que el amor los ciegue y no los deje corregirlos. Analicemos el siguiente ejemplo: una niña tomó dinero de la alcancía del salón, que contenía el ahorro de todo el grupo para cooperar con la Cruz Roja, para comprarse un helado. Al enterarse, su padre se enojó con la maestra por insinuar que su hija pudiera tomar algo que no era suyo, cuando es lo que había hecho en anteriores ocasiones. Su actitud de enojo nos muestra que este padre no estaba dispuesto a aceptar que su hija debía aprender a respetar lo que no es suyo, que estaba en un proceso de aprendizaje y que él debía poner atención a esa situación. Los padres no podrán ayudar ni corregir a su hijo pensando que los maestros le tienen "mala fe" o "lo traen de encargo".

En ocasiones la actitud de los padres cae en el extremo de hacer sentir al niño que puede hacer lo que sea y siempre lo van a apoyar, como en el caso de Pedro, que les dijo a sus compañeros: "le voy a decir a mi mamá que demande a la maestra para que la corran, como lo hice en mi escuela anterior". Esto nos muestra que ante alguna situación escolar que no fuera de su agrado, en vez de buscar soluciones y descubrir la falla, lo mejor que Pedro podía hacer era deshacerse de la maestra, como antes ya lo había hecho apoyado por su mamá. Existen muchas otras situaciones como las anteriores, en las que los padres se manifiestan como enemigos de los profesores en vez de sus aliados, en donde nunca intentan llegar a acuerdos con los maestros a través del diálogo.

Como siempre, no sólo pueden existir aspectos positivos dentro de cada suceso de la vida, hay algunos que ya están desarrollados y otros que han de estarlo. Nos parece un aspecto ya desarrollado, por ejemplo, el hecho de que las mujeres tengan acceso a un pleno ejercicio profesional que las haga sentirse orgullosas de sí mismas y que esto lo proyecten frente a sus parejas e hijos. Asimismo, considero un aspecto desarrollado el hecho de que cada vez sean más los matrimonios que compartan responsabilidades económicas, profesionales y de labores del hogar. Pero encontramos que todavía falta mucho por hacer en el área que más debería interesar a padres y maestros: es necesario llegar a un acuerdo y aceptar que debemos compartir el desarrollo armónico de los niños, la base primigenia de nuestra sociedad.

Insistimos en lo anterior por medio de la siguiente reflexión de María Montessori sobre el papel vital de la familia:

"Los padres no son los constructores del niño, pero son sus custodios. Han de protegerlo y cuidarlo en un sentido profundo, como asumiendo una misión sagrada que se extiende más allá de los intereses y de los conceptos de la vida exterior. Los padres son custodios supernaturales, así como la religión ha concebido los ángeles protectores, dependiendo única y directamente del cielo, más poderosos que cualquier autoridad humana y unidos al niño por lazos invisibles para éste, pero indispensables. Para tal misión los padres deben purificar el amor que la naturaleza ha puesto en su corazón y comprender que este amor es la parte consciente de una guía más profunda, que no debe ser contaminada por egoísmo ni por la inercia. Son los padres quienes deben ver y abrazar la cuestión social que se impone en nuestro presente: la lucha para establecer en el mundo los derechos de la infancia.

"Si el operario produce lo que el hombre consume y crea en el mundo externo, el niño produce la misma humanidad; por eso sus derechos son todavía más exigentes al reclamar transformaciones sociales. Es evidente que los cuidados más sapientes deberían ser dedicados al niño por la sociedad, para recibir, a través de él, mayor energía y posibilidades para la humanidad futura."

Estas observaciones tan acertadas que la doctora María Montessori nos hace, dirigidas a nosotros como padres, nos invitan a pensar con mucho detenimiento en el papel tan trascendente que tenemos con nuestros hijos. Marcan la tarea primordial que debemos emprender para ejercer nuestra mejor carrera profesional de la vida, que nos lleve a buscar la información necesaria, a participar en espacios de formación específicos –cursos, pláticas, congresos– sobre todo en aquellos temas que se relacionan con las etapas que van transitando nuestros hijos, para que obtengamos así una mejor comprensión hacia ellos.

Como padres de familia, nuestra labor no consiste sólo en estar atentos a cambiar el pañal a los pequeños, darles de comer, cortarles las uñas, hacer que eructen y estar al pendiente de que duerman bien. Debemos poner atención a su psicomotricidad –más burda que fina si es un bebé–, y ser constantes con ejercicios adecuados a su edad, estimular su gateo, ponernos de rodillas al lado de él, para que desde ese momento sienta el amor y la bienvenida al mundo que le damos.

La educación que recibimos, de la que no tenemos ni la más remota idea desde qué generación nos fue transmitida, se la damos igual a nuestros hijos. Si a mí me pegaron, eso tengo para dar; si me gritaron, eso tengo para dar; si no tuvieron paciencia conmigo, eso voy a dar. Es muy difícil dar lo que no se ha tenido; cuesta mucho trabajo ser diferente, aunque nos sintamos mal por nuestro comportamiento y digamos que no lo volveremos a hacer, e inclusive suframos cuando nuestro interior nos informa que hemos actuado incorrectamente y volvamos a sentirnos mal por reincidir. Así empieza un vicio muy usual de la relación padre-hijo: se siembran las semillas de acciones futuras.

A continuación presentamos algunos casos de relación madre-hijo y padre-hijo que frecuentemente tienen lugar, sin que uno pueda controlarlos y que llegan a la escuela.

Luis Francisco. Niño sano de 7 u 8 meses, con andadera, feliz con sus padres, sonriente a todo lo que lo rodea. Para él, el mundo es hermoso, ¡y claro que vale la pena estar aquí! Como todo niño de esa edad, empieza a descubrir su mundo: objetos raros de texturas diferentes que quiere explorar, como si fuera un buen científico. Toca y acaricia un objeto, quiere llevárselo a sus papás, pero se le cae de la mano. Se queda observando cómo cae y sonríe. En ese momento entra la educación marcada por generaciones: la madre lo toma de la mano y le pega para que aprenda a no volver a hacerlo. El niño no entiende la reacción de su madre, a quien él más ama en el mundo. Inclusive, a pesar del golpe, quiere ir a llorar en las piernas de su mamá, pero ella le dice: "quítate de aquí, eso no se hace". No entiende nada en ese momento, no sabe de qué se trata sino hasta que se lo repiten una y otra vez para que obedezca y ya no lo haga. Así empieza el niño a hacer lo que quieren los demás, sin poder saber por qué se duerme el científico que tiene dentro.

Podemos, como padres, cambiar nuestros objetos por juguetes o adornos que no sean de colección, es decir, por algo que pueda explorar el bebé. Aquí podemos empezar a fomentar una relación de comunicación y confianza.

Sergio Manuel. Niño de 7 años que se orina en la cama. Si la regla es que un niño deje de orinarse sin control entre los 2 y 3 años de edad, es terrible que a nosotros como padres nos toque un hijo con este problema. Es muy fácil regañar: "¿por qué lo haces?", en lugar de decir: "no te preocupes, poco a poco terminarás por controlarlo". Así, de alguna manera, hacemos que el niño no se sienta mal; de lo contrario, podría llegar a preguntarse: "¿por qué hago sentir mal a mis padres, cómo puedo evitarlo? Sería bueno que no me durmiera y así estaría atento para no orinarme, porque en el día no lo hago".

A estas edades los niños no tienen una idea acabada de qué sucede, pero si están temerosos, por supuesto que poco a poco van viviendo y reconociendo las injusticias.

La doctora María Montessori menciona que en la adolescencia tenemos una segunda oportunidad como padres para corregir lo equivocado. Pero qué mejor que desde que nacen nuestros hijos estemos revisando constantemente nuestra forma de pensar y evitemos ciertas cuestiones equivocadas con las que podemos hacer mucho daño. Debemos tener cuidado con las palabras porque pueden generar duda, ensombrecer la vida de los niños y sembrar coraje e ironía. El tiempo es corto para decirlas, pero el daño es grande para enmendarlo. Es mejor observar y guardar silencio hasta ver realmente el comportamiento del niño.

Sandra. Tiene 9 años de edad, es hija única con buena posición económica; es una niña con una sonrisa que hace a uno sonreír, algo maravilloso. Su mamá es ama de casa y su papá es un ejecutivo bancario con un excelente puesto. Se ven de pronto en medio de un huracán inesperado, un "desequilibrio"; los mismos papás no lo esperaban, pero es el momento de acrecentarlo más y sacar las pequeñas tormentas que se guardaban, lo que trae por consecuencia que se separen.

Sin reponerse de la pérdida por la separación de quienes más ama, Sandra ve cómo su papá se va, se casa y después llega una hermanita. Su mamá también se casa y llega otro hermanito, en menos de un año y medio. Cada quien se encuentra a gusto con lo que *sacó* del huracán. Sandra en cambio siente dolor, tristeza, agotamiento.

La niña pasa unos días con su papá, otros con su mamá. Pero su padre le dice: "mi esposa me ha dicho que eres muy latosa". Y cuando está con su mamá, ella le dice: "mi esposo me pide que te tenga calma, pero cómo te la voy a tener si, debo cuidar al recién nacido y yo soy muy feliz con mi nueva vida. Vete con tu papá".

Una vez que regresa con su papá, éste le reclama: "hija, no respetas a mi esposa; lo mejor es que te quedes a vivir con tu mamá".

Por su parte Sandra, en la escuela, se vuelve una niña silenciosa, atenta, muy servicial con sus compañeros y más con la guía (asiste a una escuela Montessori). Hace las cosas lo más perfecto que puede y se observa que quiere dar lo mejor de ella misma.

En su casa, Sandra grita, no quiere hacer nada, llega, avienta sus cosas y cuando la reprime su mamá, llorando se le va a golpes. Entre ellas no existe comunicación. La mamá le suplica que ya se porte bien, le dice que la quiere mucho, que vea cómo hasta la tiene viviendo con su familia y que debería agradecerlo.

Su mamá piensa que la filosofía de la escuela no es buena para su hija, que tanto respeto la hace grosera y que debería someterse a algo más fuerte, a un lugar donde le griten y la hagan entender; su papá se fue a otro país y, aunque le manda dinero, no alcanza para sus gastos. Así que Sandra se va a una escuela oficial.

En este ejemplo se ve reflejado lo importante que es que los padres reflexionen acerca de las decisiones que toman y que éstas repercuten, para bien o para mal, en la vida de sus hijos. Si bien es cierto que los padres tienen derecho a pensar en ellos mismos, también es cierto que los niños no tienen por qué pagar los precios altos de los errores de quienes "decidieron darles la vida".

Keila. 6 años de edad, vive con sus padres y dos hermanos menores. Su mamá trabaja en una oficina y su papá es agente viajero. Keila, de brillantes ojos negros, impresionantes cabellos negros, brillosos y hasta los hombros, es delgada y tiene una sonrisa franca, dulce, abierta y sincera. Al llegar de la escuela siempre tiene mucha hambre. Deja en la entrada su morral y se va directamente al comedor –en donde se encuentra la televisión–, sin lavarse las manos. Siempre está tan atenta a los programas para niños, que inclusive en ocasiones no la dejan ni comer. Su mamá le dice que se apure porque ya todos terminaron desde hace una hora, se retiraron de la mesa y ella sigue con la sopa. Keila en ocasiones ni la voltea a ver.

Ingrid. Tiene 8 años y un hermanito recién nacido. Su mamá trabaja en una agencia de viajes como gerente general y su papá es oficinista. Por lo regular, y como desayuno, recibe acaloradas discusiones. La niña siempre está triste al llegar a la escuela, alterada y preocupada; le cuesta trabajo concentrarse en los trabajos que se le asignan.

Un día llegó más callada que de costumbre y se fue directo a su lugar de trabajo. Algún compañero se le atravesó y fue reconvenido con un golpe, una patada, un empujón y palabras muy floridas. Como a las 11:30 de la mañana, Ingrid empezó a llorar, sentada, trabajando, sin motivo alguno. En ese momento, al ver esta acción tan repentina, la maestra se le acercó y le preguntó qué le sucedía. La niña contestó que a ver si no se perdía su mamá, porque su papá la había bajado del carro en un lugar donde no lo acostumbran. Su llanto era de mucho dolor y miedo a la vez. Desde la dirección de la escuela se comunicaron a la oficina de la mamá de Ingrid. Ella contestó y al escuchar de dónde provenía la llamada, dijo: "¡ay! sí, vi que Ingrid se quedó muy mal, volteó a verme llorando y como yo me quedé llorando también por la discusión... Sí, me fijé que ella se había asustado mucho. En cuanto tomé un taxi pensé hablarle cuando llegara a la oficina para que no se preocupara, pero se me fue el tiempo. Gracias, ¿me la pasa?"

Éstas son algunas situaciones que llegan al salón de clase y se traducen en formas de comportamiento específico, que tanto padres de familia como escuela, debemos aprender a recibir y resolver. En un artículo se mencionó que un niño de primaria tarda, después de vivir una situación difícil de los padres, de dos a tres horas en estabilizarse para poner atención a los conocimientos. Si como padres supiéramos esto, nos veríamos más comprometidos a pensarlo dos veces antes de discutir delante de ellos, y si integráramos esta información como maestros, entenderíamos más a nuestros alumnos.

Mejor alianza padres-guías-maestros padres

Realizar con amor el papel que a cada uno nos corresponde con el niño-adulto del mañana implica establecer un diálogo continuo padres-maestros-padres. Ambas partes, asumiendo el papel tan importante que Dios generosamente nos dio, siendo amigos, cómplices, artistas, pareja, etcétera, debemos trabajar para formar al niño que todos amamos.

Los padres deben reconocer que no estudiamos para esta labor, pero tenemos la oportunidad de cambiar lo que sea necesario con un compromiso que uno mismo razona como adulto.

El maestro debe observar qué pasa con el niño dentro del ambiente o salón de clases, porque su comportamiento, conducta o deficiencia biológica nos están diciendo algo.

Los papás educadores de tres generaciones: hijos, nietos, bisnietos, no estamos solos. Gracias a Dios contamos con guías y maestros que también desean lo mejor para nuestros hijos.

Como dice Emerson: "El niño es el eterno Mesías que siempre desciende entre los hombres caídos, para conducirlos al Reino de los Cielos."

La misión de la escuela

Es indudable que la educación se inicia en el hogar y es tarea de la escuela continuarla. "Es misión de la escuela prolongar, completar y perfeccionar la obra de la familia" (Marcel Clement, 1974). Y nosotros agregaríamos que lo es también de la sociedad. Es en la escuela donde el niño debe desarrollar múltiples habilidades y competencias que lo ayuden a aprender en toda circunstancia a lo largo de su vida, es decir, conocimientos, destrezas y valores que respondan a las necesidades básicas de aprendizaje. (Rosa María Torres, 1998:60-78). Por su relevancia en la creciente necesidad de mejorar la educación que se imparte en las escuelas, nos permitiremos resumirlos a continuación:

- **Desarrollo y perfeccionamiento del lenguaje:** debido a la necesidad de expresarse oralmente y por escrito con corrección, se debe trabajar el lenguaje en sus diversas funciones: *representación, expresión y comunicación,* y en sus cuatro habilidades básicas: *hablar, escuchar, leer y escribir.*
- **Dominio de la lectura y la escritura:** es necesario educar la comprensión lectora, estimulando el desarrollo de las capacidades para recibir, interpretar, discriminar y juzgar la información recibida.
- **Favorecer la expresión oral.**
- **Propiciar el desarrollo de capacidades** cognoscitivas abstractas y formales de razonamiento, abstracción,

deducción, reflexión y análisis, pensamiento lógico y creatividad, así como la resolución de problemas (aprender a aprender).

- **Aprender a pensar.**
- **Promover la metacognición**, es decir, el manejo y el control del propio conocimiento y de la propia manera de conocer pueden contribuir a mejorar habilidades, como anticipar, reflexionar, enseñar, aplicar lo conocido, hacerse y hacer preguntas, comprender, expresarse, comunicar, discriminar, resolver problemas, discutir, argumentar, confrontar los propios puntos de vista con los de los otros, desarrollar el poder de discernimiento, etcétera. Es decir, aprender a aplicar y recuperar el conocimiento.
- **Aprender a estudiar.**

Anteriormente el maestro planificaba, impartía su clase y evaluaba a sus alumnos con el fin de *medir* qué tanto habían *aprendido* de los conocimientos que se impartían durante la clase. Esto ha ido transformándose y actualmente son más los maestros que se dan cuenta de que su labor no puede quedar sólo en realizar el papel de emisor, que el alumno es capaz de elaborar su propio conocimiento y participar como sujeto activo de su proceso de formación y desarrollo integral.

De nada vale que los alumnos sólo se dediquen a recibir conocimientos que no pondrán en práctica en su vida diaria y que, además, no les van a ayudar a ser hombres y mujeres que enfrenten la vida con alegría, esperanza y voluntad de *ser* mejores *seres humanos*. Por esto, el proceso enseñanza-aprendizaje ha evolucionado, para convertirse en un proceso aprendizaje-enseñanza, en el que tanto alumnos como profesores enseñan y aprenden mutuamente.

El que la educación haya ido evolucionando no es un hecho casual y aislado del contexto económico, cultural y social de nuestros tiempos. La sociedad se ha transformado en todos los aspectos –técnica, ciencia, economía, cultura– y resultaría obvio mencionar que el ámbito educativo está inmerso en todo esto. Un claro ejemplo de dichos cambios se puede observar en la dinámica que actualmente cada vez más familias practican. Tanto el hombre como la mujer trabajan para mejorar la calidad de vida de su núcleo familiar, además de que, afortunadamente, ahora las mujeres buscan sentirse realizadas, no sólo como madres y esposas sino también como profesionales.

Es indiscutible el gran reto que enfrenta la escuela en la educación. El trabajo del maestro no suple de ninguna manera la educación que debe iniciarse en casa, pero sí debe considerarse fundamental la permanente actualización de los maestros para la misión de la escuela y su disposición para ejercer la docencia.

Los padres de familia en la escuela...

En nuestra experiencia como docentes hemos podido distinguir diferentes tipos de padres de familia, una clasificación que quisiéramos compartir es aquella que elaboramos con base en la capacidad del padre de familia, de permitir el desenvolvimiento de las habilidades de sus hijos. De esta manera encontramos:

- Padres sobreprotectores.
- Padres ausentes.
- Padres guías-mediadores.

El *padre de familia sobreprotector* es aquel que no permite que su hijo se haga responsable de sí mismo, que todo se lo resuelve y le impide enfrentar retos, de acuerdo con su edad, que lo ayuden a madurar para vivir con mejor calidad su propia vida cuando llegue el momento.

Este tipo de padre es el que acosa al maestro para preguntarle todo lo que pueda acerca de su hijo, de la clase, de la tarea, de la junta, etcétera, pero no está consciente de que sea el propio niño quien se interese por resolver sus dudas. Por supuesto, es también el tipo de padre que no se separa de la dirección de la escuela y quiere estar enterado de todo. Lo peor es que, y esto depende de qué escuela se trate, en algunas ocasiones puede ejercer cierta influencia tanto en el director como en algunos profesores y obtener así concesiones especiales para su hijo y para él mismo.

Desde nuestro punto de vista, se debe tratar con mucho cuidado a este tipo de padres, marcarle muy bien los límites e impedir que interfiera en el trabajo del maestro e invitarlo a que apoye a la institución desde donde le corresponde, por el propio bien de sus hijos.

El *padre de familia ausente* es el que da lo necesario al alumno para que trabaje en la escuela y para que cumpla con todo lo que se le solicite; sólo da el apoyo material, no el más importante, como tener con su hijo una buena comunicación que permita que lleguen a construir una relación basada en la confianza, el respeto mutuo y, sobre todo, el amor. Este tipo de padre considera, por lo general, inútil y una pérdida de tiempo asistir a juntas escolares, tener entrevistas con los maestros de sus hijos y presenciar eventos preparados por éstos. Muchas veces la *razón* con la que justifican esta conducta es la de que los dos trabajan para darles *lo mejor* a sus hijos, y no está mal que así sea, lo que sí es negativo es que no den la importancia debida a la *invaluable labor* que han realizado al formar un hogar y darles vida a esos seres maravillosos que son sus hijos.

Por último mencionamos a los *padres guías-mediadores*, que son aquellos que, por un lado, acompañan a sus hijos en su desarrollo sin tratar de resolverles todo, al contrario, permiten que sean ellos mismos los que poco a poco se hagan responsables de su propia persona y propician así una relación basada en una comunicación de confianza, respeto y amor recíprocos.

Este tipo de padres está al pendiente del aprovechamiento escolar de sus hijos, conoce a los maestros y asiste a la escuela cuando se le solicita, pero también respeta la labor del docente y de la institución educativa en general. Está consciente de que lo mejor es que padres y maestros se apoyen para complementar el desarrollo integral de sus hijos.

Al ser respetuoso del trabajo educativo de los profesores, no busca generar problemas con chismes o con concesiones especiales a sus hijos y a ellos mismos, y cuando algo no le parece busca tratar el tema con el profesor para solucionar el conflicto de la mejor forma posible. Creemos que es el tipo ideal en el que tendrían que ubicarse todos los padres.

Tal vez no es nada fácil mantener la dinámica de un padre guía-mediador, pero vale la pena esforzarse por ser cada día mejor padre de familia y por tener siempre presente que la tarea de educar a los hijos con amor y respeto es totalmente responsabilidad de papá y mamá, y no buscar pretextos y falsas justificaciones para, de una forma irresponsable, pretender que sean otros los que cumplan con la labor de educar a los hijos. Cuando decimos esto nos referimos a los abuelos, a los tíos y a los maestros.

Haciendo equipo: una meta común

Después de haber analizado la misión de la familia y la escuela, nos ocuparemos de la forma de trabajar por la educación de estas dos instituciones: por una parte la familia como primera educadora del niño y por otra la escuela como complemento. A estas dos instituciones las une una meta común, la educación de los niños y los jóvenes, por lo que es necesario que trabajen vinculadas. ¿Cómo puede hacerse? A través de la comunicación, del diálogo, de arreglar las dificultades, de aclarar las dudas, de proponer alternativas de solución y de la convivencia. Muchas veces los padres expresan que no asisten a las juntas escolares porque siempre los regañan. Tal vez eso sea verdad, por eso será mejor proponerles, invitarlos, darles consejos o sugerencias, motivarlos, enseñarles algo de lo que los maestros saben sobre la educación y que sea necesario para ellos; que los orienten, que la junta les deje algo valioso. No creemos que las juntas deban ser siempre para dar quejas o para pedir cooperación. El maestro y los padres podrían reunirse y convivir en un día de campo, platicar, conocerse, siempre en un marco de respeto mutuo y de ayuda. El padre de familia debe tener confianza en el maestro y no querer dirigirlo y orientarlo. La dinámica del aula lleva al maestro a tomar algunas decisiones y a elegir determinadas estrategias. El maestro conoce a los alumnos y muchas veces estos actúan de una forma en casa y de otra en la escuela. Al salir de clases los niños platican a sus padres sus experiencias en la escuela y muchas de sus pláticas son interpretadas en forma negativa. Vale la pena actuar e indagar, sobre todo para que la relación con el maestro sea lo más cordial posible.

Finalmente, nos permitimos brindarles algunas recomendaciones que esperamos sean de utilidad.

- Establezcan entre todos los miembros de la familia nuclear –padres e hijos– una jerarquía de valores para después, con base en ésta, elaborar un reglamento familiar. De esta manera tendrán una estructura que les permita plantearse objetivos concretos y, lo más importante, que todos se sientan parte del "equipo".
- Una vez establecida la jerarquía de valores y el reglamento familiar, será necesario que se reúnan para evaluar su cumplimiento. Es bueno hacer esta reunión como si estuvieran con los amigos, con botanas y refrescos; tal vez en un restaurante, o en un día de campo. Lo importante es que la familia se una para facilitar la sana comunicación, factor indispensable en toda relación.
- Por muy ocupados que se encuentren papá y mamá en sus asuntos laborales, recuerden que primero que nada se encuentra su función como padres de familia. En el trabajo nadie es indispensable, aunque, claro, éste es sumamente importante; pero en la labor de padres de familia sí son indispensables ambos.
- Cuando los maestros de sus hijos decidan algo y les parezca injusto o mal realizado, eviten hacer comentarios negativos delante de sus hijos y mejor háganselos saber, de la mejor forma posible, al propio maestro.

- Eviten buscar concesiones especiales para sus hijos en la escuela. Mejor colaboren en su desarrollo integral, permitiendo que sean ellos mismos quienes se den a conocer por sus propios méritos de aprendizaje.
- Propicien que sus hijos, poco a poco, se vayan haciendo responsables de sí mismos. Acompáñenlos y guíenlos en su preparación para enfrentar la vida en forma madura. Recuerden que darles todo y resolvérselos todo, lejos de beneficiarlos, los perjudica.
- Para trabajar en equipo, padres, maestros y directivos, deben establecer lineamientos de trabajo común, sin invadir el espacio de acción de cada uno; conocer los límites, las obligaciones y la responsabilidad específica de cada uno. A continuación daremos algunas sugerencias para trabajar en común:
  - No subestimar la capacidad de los alumnos.
  - No restarse autoridad.
  - Querer al niño.
  - Actuar oportunamente.
  - Respetar los espacios del padre de familia y del maestro.
  - Permitir la autonomía del niño.
  - Ayudar a los niños a hacer mejor las cosas.
  - Perfeccionarse cada día para ser un mejor modelo de identificación.
  - Tener como meta que el alumno aprenda y no solamente que saque un 10 de calificación.
  - Propiciar un ambiente de amistad.
  - Respetarse mutuamente.
  - Ayudarse.

Conclusiones

El papel de los padres de familia y de los maestros debe estar firme en la tarea de educar a las generaciones futuras, en la idea de dejar el mundo en un mejor estado de como lo encontramos. Muchas son las situaciones que el maestro debe enfrentar cada día en su grupo, muchos son los problemas que deberá mediar y solucionar; sin duda será más fácil para él si cuenta con el apoyo de los padres de familia y de los directivos.

Fuentes Documentales

Castillo, G. (1990). *Los padres y los estudios de sus hijos*. México, Minos.

Beltrán Quera, M. (1986). *Escuela de padres*. Barcelona, Herder.

Chopra, D. (1997). *Las siete leyes espirituales para padres*. Colombia, Norma.

Lyford-Pike, A. (1999). *Ternura y firmeza con los hijos*. México, Alfaomega.

Sacheri A. C. *El orden natural*. Ediciones Promesa.

Dodson, F. (1970). *El arte de ser padres*. Madrid, Aguilar.

Isaacs, D. (1988). *La educación de las virtudes humanas*, México, Minos.

Clement, M. (1974). *La educación de los hombres*, Speiro.

Hacia un nuevo modelo educativo (1991). México, Consejo Nacional Técnico de la Educación.

Torres, R. M. (1998). *Qué y cómo aprender*. México, SEP.

Patricia Ganem Alarcón

Usted, ¡cállese!

Los niños que nadie quiere en la escuela

Si ser normal significa hacer lo que muchos repiten de manera automática, prefiero parecer anormal.

Patricia Ganem Alarcón

Las caricias

Son las caricias positivas el instrumento para acompañar la motivación del sujeto. Éstas son estímulos dirigidos de un ser a otro. Pueden ser verbales –reconocimientos hechos a través de palabras– y físicas –reconocimientos hechos corporalmente–. Se clasifican en positivas y negativas. Las positivas son las que hacen *sentir bien* a la persona que las recibe y producen emociones placenteras –por ejemplo cuando te dicen *te quiero, me gustas* o cuando te acarician, te besan, te agradecen, te aprecian, etcétera–. Las negativas son las que hacen sentir mal a quien las recibe. Ponen de malas al implicado. Hay también caricias de lástima –son las que fomentan la sensación de desvalimiento, inutilidad o incapacidad–, de agresividad –fomentan la sensación de sentirse no querido, rechazado– y falsas positivas –son caricias agresivas encubiertas–, como decirle al menor *porque te quiero te pego o te regaño.*

Hace muchos años (se reportan datos desde la creación del primer laboratorio experimental en psicología, 1989) se realizaron investigaciones acerca de las caricias. Una de las investigaciones trataba sobre el desarrollo integral de varios niños criados en una institución donde se les proporcionaba una buena alimentación, abrigo, educación, todo excepto caricias positivas. ¿Cómo crees que hayan reaccionado esos niños en el futuro? La investigación surgió a raíz de que en esa institución empezaron a ser reportados muchos casos de retraso mental, retraso escolar, niños introvertidos e incluso muchas muertes. Enterados de lo anterior, ¿serán importantes las caricias?

Hubo también otra investigación realizada con chimpancés, que consistió en colocar a un bebé en un cuarto donde estaban dos madres artificiales. Una era de peluche y no le proporcionaba alimento al pequeño; la otra era de alambre y sí se lo proporcionaba. ¿Qué hacía el bebé chimpancé? Tomaba el alimento que le proporcionaba la madre de alambre e inmediatamente después se dirigía a la de peluche –que era la que le proporcionaba calor, caricias más agradables al contacto– y la abrazaba.

Los ejemplos anteriores nos pueden ayudar a captar cuáles son las consecuencias ante la ausencia de caricias; a saber:

- Retraimiento.
- Angustia.
- Agresividad.
- Etiquetados.
- Dificultad para tener amigos.
- Inseguridad en uno mismo.
- Sensibilidad al rechazo.

Homogeneizar o educar en la pluralidad

Cuando en las instituciones escolares observo la insistencia de los directivos y docentes sobre la realización de formaciones rigurosas para entrar en *orden* al salón; en el uso estricto del uniforme para que todos se vean iguales; en pedir a los alumnos que realicen ejercicios; rutinas motrices para tranquilizar su energía; que forren sus cuadernos y libros escolares de la misma forma para adelantarse a evitar un extravío o una sensación de superioridad entre unos y otros, o cuando damos una instrucción verbal con la intención de que todos entiendan lo mismo, etcétera, pareciera que la labor de la escuela es homogeneizar a todos sus participantes.

Si bien el hecho de buscar que fuéramos iguales –en el sentir y en el pensar– resultó una buena estrategia en un momento histórico, esto ya no responde a las necesidades actuales y urge que las personas se formen en la diversidad, en la confianza de sus propias diferencias, en el enriquecimiento de habilidades múltiples de las cuales se responsabilicen y con las que generen sus propias combinaciones. Pese a que las escuelas insisten en homogenizar, han existido, y existen, alumnos que encuentran en las acciones rutinarias, instrucciones rígidas y en los castigos injustos un *detonador* para desplegar sus propias deficiencias o para *desatar* conductas de oposición (Aguilar, 1987).

A este tipo de niños lo llamamos indisciplinados y desobedientes. Esta posición es muy cómoda para los adultos, pero cierra algunas áreas de formación de las generaciones jóvenes, que van desconfiando hasta de su propia capacidad de pensar y de oponerse.

Me estoy refiriendo a los niños rebeldes, mentirosos, retraídos, hiperquinéticos que, desde mi punto de vista, son los que evidencian las ineficiencias del sistema educativo.

Revisaré las características de cada uno de ellos (Jung, 1991; Ekman, 1999; Stowe, 1999) y haré propuestas muy concretas para que estos niños sí sean queridos en la escuela.

El niño aislado y/o introvertido

Concepto

Este tipo de niño presenta pérdida de contacto con la realidad. Tiene además tendencia a evitar o rechazar el contacto social. Éste es un concepto para designar un tipo de personalidad que se manifiesta desde la infancia y conduce a quien la desarrolla a comportarse de manera retraída. Es sinónimo de timidez.

Características

- Se observan algunas manifestaciones leves de aislamiento social que podrían considerarse como timidez.
- No alterna ni juega con los demás niños.

- Busca un refugio en un mundo interior.
- La actitud ante la vida tiende a ser de retraimiento.
- La libido fluye hacia adentro y la influencia predominante es la necesidad de interiorizarla.
- Hay falta de confianza en sus relaciones con personas y cosas.
- Tiende a ser poco sociable y prefiere la reflexión a la actividad.
- Aborda las situaciones con reserva.
- Se manifiesta poco comunicativo con los demás.
- Sus relaciones son pobres e insatisfactorias.

Cómo ayudarlo

- Otorgándole una tarea específica y única.
- Destacando sus triunfos.
- Comenzando a socializarlo mediante tareas individuales y luego a través de pequeños equipos.
- Sugiriendo a los padres trabajo de terapia para ayudarlo a trabajar conceptos sociales.

El niño colérico o rebelde

Concepto

Este niño es definido por los rasgos emotivo, activo y primario, porque actúa básicamente con impulsividad y enojo. También se le denomina rebelde.

Se afirma que existen comportamientos que inclinan directamente al vicio y desvían de la virtud. Antes de que puedan siquiera andar, hay niños a los que se le han inculcado principios de violencia, de resentimiento, de crueldad. A veces a modo de juego se les incita a conductas que generan una violencia inocente, supuestamente. "Pégame para que yo te pegue" es una lección que esos niños oyen todos los días y se piensa que no significa nada porque sus manos no tienen todavía bastante fuerza para hacer daño. Pero la pregunta que podría hacerse es: ¿no se corrompe así su espíritu? ¿No se pone ante sus ojos la práctica de la fuerza y de la violencia? Y si se le ha enseñado en su infancia que puede golpear, a pegar a su camarada, excitándolo; si se le ha habituado a alegrarse del mal que ha causado; si se le acostumbra a sufrir, ¿no se le prepara para que obre de igual modo, cuando sea bastante fuerte para hacer sentir sus golpes y pueda pegar intencionalmente?

Características

- Vive con inestabilidad y alboroto continuos.
- Siente ansiedad ante los cambios y ante conductas autoritarias.
- Acostumbra ejecutar sin tardanza las tareas prácticas, busca la rapidez y utilidad de las acciones.
- Emprende con mucho ánimo e interés tareas nuevas, pero es poco constante.
- Tiene gusto por el mando y sus frecuentes cambios de humor lo hacen cometer excesos.
- Manifiesta externamente su inconformidad con leyes y procesos.
- Tiene una conducta que se caracteriza por una manifestación externa de disconformidad con las leyes y preceptos establecidos, con ánimo de modificarlos, suprimirlos o sustituirlos.
- Esta conducta se puede presentar bajo la forma de acción –**conductas visibles**– o de omisión, –**reacciones ocultas o poco visibles**–.
- Es un estudiante indolente.
- Puede ser que adopte cierto aire de suficiencia.
- No cuenta ni comunica ni expresa casi nada.
- Da respuestas cortantes, muchas veces sólo se manifiesta con monosílabos.

Cómo ayudarlo

- No entrando al choque, es decir, no confrontarlo como primera vinculación.

- No invadiendo la barrera de su intimidad –si el niño no se abre– ni violentándolo.
- No abrumándolo todo el día, corrigiendo sus comportamientos agresivos, eso incrementa más el perfil.
- No agrediéndolo con formas más sutiles; ya que esto estimulará su comportamiento rebelde.

El niño hiperquinético

Concepto

La hiperquinesis es una condición en la que al niño le resulta difícil centrar su atención en un estímulo determinado y concentrarse en él. El niño que sufre de esta disfunción con frecuencia es mejor conocido como hiperactivo o hiperquinético. Sin embargo, puede existir o no la hiperactividad o hiperquinesia en el trastorno.

Existen diversas teorías que intentan explicar el origen del déficit de atención; algunos investigadores consideran que la causa es una maduración retardada del sistema nervioso o la existencia de alguna lesión cerebral, una variación genética, alteraciones metabólicas y/o emocionales.

Características

Los criterios de diagnóstico indican que deben presentarse al menos seis de estos síntomas siguientes:

- Manifiesta falta de atención. Con frecuencia no termina las cosas que empieza, a veces parece no escuchar, se distrae con facilidad, tiene dificultades para concentrarse en tareas escolares o que requieren de una atención sostenida y tiene problemas para seguir una actividad de juego.
- Frecuentes dificultades para mantener la atención en los detalles o errores por falta de cuidado en trabajos escolares u otras actividades.

- Dificultad para mantener la atención en tareas o actividades lúdicas.
- A veces no atiende a lo que se le dice.
- Dificultad para seguir las instrucciones de los demás, no debido necesariamente a negatividad o a error de comprensión: no finaliza las tareas que le encomiendan, por ejemplo.
- Dificultad para organizar tareas y actividades.
- Evita las tareas que requieren esfuerzo mental sostenido o muestra intenso disgusto por ellas.
- Seguido pierde las cosas necesarias para una tarea o actividad escolar: juguetes, lápices o libros, por ejemplo.
- Es muy fácil que se distraiga por estímulos ajenos a la situación.
- Olvida frecuentemente sus obligaciones diarias.
- Se caracteriza por tener altos niveles de impulsividad, es decir, actúa antes de pensar, cambia excesivamente de una actividad a otra, le es difícil organizar el trabajo, necesita de una supervisión muy constante, frecuentemente grita en clase y tiene dificultades para esperar su turno en juegos o situaciones de grupo.
- Frecuentemente da respuestas precipitadas antes de que se acaben de formular las preguntas.
- Seguido interrumpe o se inmiscuye en actividades de otros niños y tiene dificultad para aguardar turno en los juegos o situaciones de grupo.
- Sus actividades tienen una carga fuerte de hiperactividad. Corre o se trepa por todos lados, tiene dificultades para quedarse quieto o juguetea demasiado, le es difícil permanecer sentado y siempre anda desbocado o actúa como impulsado por un motor.
- Inquietud frecuente, que se aprecia por movimiento de manos o pies o por moverse en el asiento.

- Dificultad para permanecer sentado cuando la situación lo requiere.
- Corretea o se sube a sitios inapropiados, en los adolescentes puede estar limitado a sensaciones subjetivas de impaciencia e inquietud.
- Dificultad para jugar con tranquilidad o en juegos pacíficos.

Cómo ayudarlo

- Realizando un diagnóstico a través de varios elementos como pruebas psicológicas, electroencefalogramas y otras pruebas de laboratorio, por lo que el especialista integrará esta información para determinar la presencia o no de la disfunción.
- Ayudándole a enfocar y conservar su atención y a tener un mejor control de las respuestas impulsivas a través de ejercicios.
- Evitando culparlo por su falta de atención o por la hiperactividad, que él por sí mismo no es capaz de controlar.
- Encauzándolo de forma estrecha, prestándole una atención individual, cuidando de que se fije en las cosas y asegurándonos de que ha comprendido un tema antes de pasar al siguiente.
- Capacitándolo para tener una mejor adaptación escolar e impedir que se vuelva resentido e inseguro. Lo más adecuado es adaptar el ambiente a sus necesidades, lo que impone tener que dar consejos prácticos a los padres y ayudarlos a aplicar técnicas concretas para tratarlo. La educación de padres y maestros sobre cómo manejarlo, parece ofrecer la mejor esperanza para conseguir que el afectado se sienta confiado y feliz, a pesar de las limitaciones de su temperamento.

- Dándole atención también con relación a las inadaptaciones ambientales y las alteraciones de comportamiento que se presentarán por sus conductas.
- Creando "rincones de actividades" que le planteen muchas combinaciones o posibilidades.
- Incluyendo actividades que lo sosieguen un poco; la que más éxito nos ofrece es hacer pasta de sal, que coloreamos con pintura vegetal.
- Proponiéndole actividades físicas o motrices.

El niño mentiroso

Concepto

Mentira. Cualquier expresión que deliberadamente se use para modificar o falsear la realidad.

Características

- En el niño no puede hablarse de mentiras como tales hasta los siete años aproximadamente, que es cuando adquiere un carácter voluntario, consciente.
- Hasta entonces se denominan fantasías infantiles o seudomentiras y se caracterizan porque las representaciones de su imaginación –sueños, deseos, etcétera– se mezclan con la realidad, sin que el niño sea capaz de establecer la diferencia entre las dos.

Cómo ayudarlo

- Detectando si es una mentira real y no una fantasía. La siguiente pregunta ayuda al niño al confrontar su situación: ¿es verdad o deseo?
- No institucionalizando la inautenticidad –no justificar, no proteger, etcétera–.

- Creando en torno a él un clima de autenticidad y veracidad, en el que lo más importante sea la conducta honesta, coherente y libre de hipocresía.
- Ubicándolo en un clima en el que se sienta plenamente aceptado, libre de opresiones autoritarias que lo obliguen a defenderse y a refugiarse en el doblez y el engaño.
- No alabando su recurrencia a las mentiras y que vea beneficio en ellas.
- Detectando si detrás de las mentiras hay culpa, miedo al castigo, vergüenza, desaprobación, aceptación, celos, hostilidad o imitación.
- Vigilando las reacciones que tenemos; una reacción negativa puede atemorizar al niño e incentivar la mentira.
- Creando un clima que favorezca la verdad. Atacar de frente la mentira. Sin crear antes esta condición nos lleva a una empresa condenada al fracaso.
- Analizando las causas y motivos de las mentiras.

El manejo de la autoridad con estos perfiles de comportamiento

Reglas para promover la autoridad

Emplear las normas convencionales (regaños, castigos, etc.) que regulan los comportamientos de este tipo de niños, resultan inútiles y contraproducentes, puesto que no funcionan e incrementan la conducta que deseamos invalidar (Shapiro, 1999). Por tanto, se dan las siguientes sugerencias para promover una autoridad centrada en un perfil de alumnos problema:

- Exígete en los mismos puntos en que aconsejas, mandas o corriges: es muy cómodo recordar que otros tienen que ser humildes, pacientes y ordenados sin ir tú por delante con el ejemplo.

- Hay que saber elegir el momento para corregir o aconsejar, que ha de ser cuanto antes, pero siempre esperando a estar tranquilo para hablar y para escuchar: si uno sigue nervioso o afectado por una discusión, probablemente sea mejor esperar un poco más, porque de lo contrario se pueden estropear más las cosas en vez de arreglarse.
- Manda con afán de servir, sin dar la sensación de que lo haces por comodidad. Que vean que te molestas tú primero: muchas veces ellos entenderán así, sin necesidad de que nadie se los diga, que deben hacer lo mismo.
- No dejes que se prolonguen demasiado las situaciones de excesiva exigencia. Para eso debes estar atento a la salud y al descanso, para que nadie llegue al agotamiento psíquico o físico. Debes extremar los cuidados a los más necesitados –no todos los individuos son iguales– para evitar que tomen cuerpo las crisis de crecimiento o de madurez.
- No exhibas demasiado la autoridad, no des lugar al miedo o a la prevención.
- Habla con claridad, a la cara. No seas blando ni tampoco cortante: mantén una exigencia matizada.
- Procura saber lo que hiere a cada uno y evitarlo delicadamente, si es preciso. Sé comprensivo y muy humano. Aprende a disculpar. No te escandalices tontamente –esto supone casi siempre falta de conocimiento–.
- Habla con franqueza y sin apasionamiento, sin exagerar, procurando ser objetivo. Aprende a discernir lo normal de lo preocupante o grave.
- Sé positivo al juzgar y pon en primer término las cualidades, antes de ver los defectos y no exageres.
- No quieras fiscalizarlo todo. No quieras uniformarlo todo. Ama la diversidad en la familia. Inculca amor a la libertad y pregona el pluralismo como un bien.

- Respeta la intimidad de los demás, sus cosas, sus cajones, su mesa de estudio, sus cuadernos y enséñales a respetar a los demás y su intimidad.
- La corrección ha de ser cara con cara a la persona interesada y en privado, pues no hay nada más sucio que la murmuración o la denuncia anónima del que tira la piedra y esconde la mano, y siempre sin comparar con otras personas: nada de "aprende de tu primo, que saca tan buenas calificaciones o del vecino de arriba que es tan educado".
- Para que alguien tenga derecho a corregir debe primero estar capacitado para reconocer lo bueno de los demás y ser capaz también de decirlo: que no corrija quien no sepa elogiar de vez en cuando.
- Ha de corregirse por cariño: tiene que ser la crítica del amigo, no la del enemigo. Y para eso la crítica tiene que ser serena y ponderada, sin precipitaciones y sin apasionamientos: tiene que ser cuidadosa, con la delicadeza con que se cura una herida, sin ironías ni sarcasmos, con esperanza de verdad.
- Tampoco debe darse la corrección sin antes hacer examen sobre la propia culpabilidad en lo que se va a corregir. Cuando algo va mal en la escuela, por ejemplo, casi nunca nadie puede decir que esté libre de toda culpa.

Corregir sí, pero siempre poniéndose antes en el lugar del otro, considerando sus circunstancias, procurando, como dice el refrán, *ponerse en sus zapatos* antes de juzgar.

Fuentes Documentales

Corkille Briggs, D. (1970). *El niño feliz: su clave psicológica.* Barcelona, España, Gedisa.

Aguilar, Guido y **G. De Lebl. B.** (1987). *Conductas problemas en el niño normal.* México, Trillas.

Jung, C. G. (1991). *Conflictos del alma infantil.* España, Paidós Educador.

Ekman, Paul. (1999). *Por qué mienten los niños.* España, Paidós.

Shapiro, L. E. (1997). *La inteligencia emocional de los niños.* México, Vergara Editor.

Johnson D. W. Johnson, R. T. (1999). *Cómo reducir la violencia en las escuelas.* Argentina, Paidós.

Stowe, V. K. (1999). *Educar niños felices y obedientes con disciplina positiva.* Barcelona, Paidós Ibérica.

Lo barato... sale caro

Los libros de texto gratuitos

El maestro debe ser el mediador entre el conocimiento y el alumno, no el dictador entre la enseñanza y el aprendiz.

María del Carmen Hernández Sánchez

Cuántas veces hemos observado en las escuelas primarias a los profesores de todos los grados, con inmensas preocupaciones relacionadas con la integración de la documentación de los alumnos de nuevo ciclo escolar; con la excesiva atención a través de citas que se les brindan a los padres de familia; con la resolución de la documentación solicitada por las autoridades; con los exámenes de diagnóstico y su interpretación; con la planeación anual, semestral o semanal; preocupados por concluir los programas establecidos; con el trabajo de los libros de texto; en fin, un sinnúmero de actividades para iniciar el ciclo escolar. Y qué decir cuando está llegando el final de este año escolar... Preparar la festividad del día de la madre y del padre, organizar la despedida de los alumnos que cursan el último año de educación primaria, el llenado de la documentación oficial y terminar los libros de texto que por una u otra razón no se han trabajado adecuadamente durante el ciclo escolar. Además, habrá visitas de las autoridades, por lo que los maestros se preocupan todavía más por tener la documentación al día y verificar que el trabajo con los libros de texto esté al corriente. La pregunta que surge en este momento es, ¿qué hacer ante estas situaciones? Para dimensionar la problemática, voy a contar una historia:

Ésta se desarrolla en una escuela primaria. Un grupo de maestros de diferentes grados escolares se encuentra durante el receso de los alumnos en la sala de maestros, conversando acerca de varias preocupaciones que cada uno de ellos tiene. Una de las maestras de cuarto año le comenta al grupo de compañeros:

–Estoy muy preocupada porque se acerca el fin de curso escolar y ya estoy sintiendo la presión del tiempo para poder entregar la documentación que el director nos está pidiendo.

Hay un silencio en la sala de maestros por un minuto aproximadamente, hasta que un profesor de quinto año comenta:

–No te angusties; la mejor manera de ir sacando el trabajo es ver qué es lo más cómodo y accesible para ti. Por ejemplo, lo que yo hago cuando se me junta el trabajo es poner a mis alumnos a resolver los libros de texto; esto me facilita el trabajo y aprovecho el tiempo: es decir, en lo que adelanto mi trabajo los niños resuelven en silencio los ejercicios de los libros y así los terminan a tiempo.

Otra de las profesoras que imparte clase en sexto año intervino de inmediato.

–Sí, lo mejor es no preocuparse; total, para lo que te pagan. Te digo mi táctica. Ya ves que nosotros tenemos que estar adelantados en la documentación, sobre todo con los certificados de los niños; para esto les dejo a mis alumnos de tarea que hagan de cuatro a 6 páginas diarias del libro de español y al siguiente día las reviso, poniéndoles un garabato cualquiera para que vean los padres de familia que fueron tomadas en cuenta y checadas por mí. Así termino antes y me evito el problema de atrasarme con mi trabajo.

Hubo una cuarta intervención; la de la maestra de tercer año, quien comentó lo siguiente:

–Mira, para que las cosas te salgan bien, desde un principio organiza tu tiempo. Yo divido por meses el programa y los libros de texto; dependiendo de los bloques, los acomodo para que cada mes los termine sin ninguna preocupación y así me evito angustias y desesperación. Por ejemplo, trabajo el libro de Historia diciéndoles a los alumnos que lean la lección y subrayen lo más importante, y que después pasen lo subrayado a su cuaderno y lo ilustren, de esta manera utilizo los libros de texto y los cuadernos, y se ve que los niños están trabajando en los dos.

Así continuó la conversación de los profesores hasta que se oyó el timbre que señalaba el fin del receso y la reanudación de las clases.

Comentarios como los anteriores se oyen en las escuelas primarias, es por eso que me pregunto: ¿serán acaso los libros de texto gratuitos un obstáculo para lograr una educación de calidad? ¿O es la metodología empleada por el profesor en el desarrollo de la clase; la mala organización del tiempo destinado para cada asignatura; la utilización de estrategias para su desarrollo... o la cantidad de contenidos por enseñar en un ciclo escolar o simplemente es una cuestión administrativa la que absorbe totalmente a los maestros?

Pero, cómo saber realmente qué hay detrás de todo este cuestionamiento que aflige a los profesores de educación primaria. Para aclarar esta maraña voy a abordar el trabajo que se realiza con los libros de texto y su función en el desarrollo de la educación.

Educación Primaria

La educación primaria debe proporcionar los contenidos mínimos fundamentales de conocimientos, valores y actitudes de los que nadie debe carecer para su propia realización y para integrarse a la sociedad a la que pertenece. Para cumplir con esta etapa, en el Plan y Programas de Estudio de Educación Primaria de 1993 se estipulan los objetivos que se deben desarrollar en el alumnado y que son:

- Adquirir y desarrollar las habilidades intelectuales –la lectura y la escritura, la expresión oral, la búsqueda y la selección de información, la aplicación de las matemáticas a la realidad–, que les permitan aprender permanentemente y con independencia cómo actuar con eficacia e iniciativa en las cuestiones prácticas de la vida cotidiana.

- Adquirir los conocimientos fundamentales para aprender los fenómenos naturales, en particular los que se relacionan con la preservación del ambiente y el uso racional de los recursos naturales, y aquellos que propician una visión humanizada de la historia y la geografía de México.
- Fomentar éticamente por medio del conocimiento de sus derechos y deberes, la práctica de valores en su vida personal y en sus relaciones con los demás, como integrantes de la comunidad nacional.
- Desarrollar actitudes propicias para el aprecio y disfrute de las artes y del ejercicio físico y deportivo.

Estos objetivos comprenden todas las asignaturas que los alumnos deben trabajar durante los seis años que permanecen en la escuela primaria. Para cumplirlos deben desarrollar contenidos específicos de cada una de las asignaturas del grado que cursan, por lo cual el libro de texto tiene una función como auxiliar.

Los contenidos de aprendizaje

Los problemas que preocupan a los alumnos cubren una gama tan vasta, que ningún profesor puede suponer que podrá ayudarlos a aprender todo lo que desean y necesitan saber en un solo año escolar. Por ejemplo, en la pared de un aula de segundo año pudieron verse las siguientes preguntas planteadas por los niños (Cohen, 1997):

- ¿Qué hace que se abran y se cierren los ojos?
- ¿Cómo empezó el mundo?
- ¿Cómo crecemos?
- ¿De qué están hechos los gusanos?

Los niños pequeños no aprenden en paquetes; su aprendizaje, como en el caso de los adultos, se ve influido por sus gustos y sentimientos. Los niños están integrados y son de una sola pieza;

su aprendizaje procede de manera integral. El maestro moderno escucha y observa a los niños para poder adaptar los contenidos –planes y programas– y recursos –material didáctico, cuadernos, libros de texto– a lo que ve y oye.

Los contenidos son experiencias de aprendizaje en un sistema de instrucción que se compone normalmente de la información relativa a una materia o asignatura, destrezas o actitudes. También el contenido puede ser interpretado en forma más específica, como los datos cualitativos en el desarrollo del currículum (*Diccionario de Ciencias de la Educación*, 1987). El análisis de éstos tiene que ver con el conocimiento y la calidad de la educación que se desea impartir. El análisis tiene dos polos: por un lado, los materiales de enseñanza, particularmente los libros de texto, y la formación de los maestros –sus valores, actitudes e ideologías–; por el otro, el complejo nudo de relaciones que se establecen entre los estudiantes.

Destacar las cuestiones fundamentales prepara mejor a los estudiantes para el futuro. Los contenidos curriculares atiborrados de datos, muchas veces son irrelevantes para la vida práctica. Resolver problemas, retar a los alumnos a que usen sus facultades, así como hacerles entender que son inteligentes y que pueden imaginar soluciones a problemas que pueden crecer en complejidad conforme se progresa en la escolaridad, es buen comienzo para abstraer nociones, relacionar la realidad con procesos mentales sin necesidad de fórmulas ni repeticiones absurdas de tablas y operaciones. Por medio de la enseñanza del español, por ejemplo, despojándola de sus formalismos y elaboraciones complejas, es posible que los niños comiencen a enlazar el uso de la lengua con sus actividades cotidianas y su forma de expresión con relaciones sociales más complejas que todavía no puedan descifrar, pero sí intuir.

El libro de texto y el aprendizaje

La educación y el estudio –y por lo tanto los libros de texto– son ubicados como instrumentos disponibles para acceder a ese "saber". El libro de texto es un recurso didáctico útil, que ofrece al alumno la información relevante de un nivel, curso o disciplina sistematizada y adecuada al currículum en el que se inscribe. En sus orígenes fue una recopilación de conocimientos que constituían el Plan de Estudios.

Sin embargo, el libro de texto ha sido denunciado como instrumento característico de una pedagogía retardataria y deformadora. No ya el libro en sí –que no podría ser de esa manera juzgado en general, pues los hay sin duda buenos y aun excelentes considerando su valor intrínseco– sino al uso que de él se haga, a *su función* para llegar a una calidad educativa en la Educación Primaria. Ésta no es sencilla, por lo que los maestros deben ser constantes en la búsqueda de ella a través de diversas estrategias, utilizando los pocos o muchos recursos que posean y luchando contra las limitaciones que se presenten para lograr una educación integral en los alumnos. Por eso los libros de texto han sido elaborados con base en estudios y necesidades de los actuales estudiantes; son un auxiliar rico en el desarrollo de conocimientos, actitudes y habilidades que el alumno debe integrar a su vida diaria.

Los alumnos trabajan con los libros de cada asignatura que abarca los contenidos establecidos en el programa, los utilizan como *forma de consulta*, para *comparar información* y *distinguir ideas propias* de las de la información. Antes de iniciar formalmente el trabajo con los libros de texto es importante que los alumnos se familiaricen con ellos, conozcan su estructura, observen las ilustraciones y las comenten.

Para utilizarlo como *forma de consulta* es importante ubicar primero el índice, leer los títulos y subtítulos, observar las ilustraciones, marcar las palabras cuyo significado se desconozca, buscarlas en el diccionario y releer el texto, después de conocer el significado de esas palabras. Es necesario favorecer que el alumno busque información por su cuenta, por lo que cobra gran relevancia que el maestro lo oriente, por ejemplo, facilitándole obras de consulta –como las de Libros del Rincón– o propiciando la visita a bibliotecas públicas.

También se deberá fomentar el trabajo en equipo, a fin de que los alumnos realicen actividades, como el registro de información y el planteamiento de dudas que surjan durante el proceso en la forma de consulta.

Para *comparar información* es importante buscar preguntas o dudas que los alumnos se hayan planteado, leer y comentar diferentes textos en pequeños equipos o parejas, pedirles redactar resúmenes sencillos. Una vez comparada la información de diferentes fuentes bibliográficas, hacer que materialicen su propio conocimiento y considerar las experiencias previas que tienen los alumnos en relación con los temas que se presentarán. El maestro tendrá presente que algunas de sus funciones son orientar y encauzar a los alumnos para que se aproximen a conocimientos cada vez más complejos, a partir de situaciones que se generen en el grupo mediante la comparación de información, no nada más de las asignaturas que le corresponden sino del entorno en que se desenvuelve.

Y para *distinguir ideas propias* es importante atender los puntos de vista, ideas o explicaciones que los alumnos van construyendo mediante la interacción con su medio natural. A esto se le conoce como *concepciones, preconceptos, representaciones o ideas previas* (*Ciencias naturales*, Secretaría de Educación Pública, 1999:22). Éstas influyen de manera importante a la hora de leer textos, de las observaciones, en cualquier actividad, así como en las interpretaciones que se hacen de ellas. Los alumnos aprenden cuando modifican sus propias ideas o les incorporan nuevos elementos que les permiten explicar mejor lo que sucede a su alrededor. Por ejemplo, es necesario que el profesor oriente a los alumnos para que relacionen sus ideas con las experiencias de aprendizaje; así podrán avanzar en los niveles de explicación, modificar sus representaciones y descubrir el conocimiento, como una necesidad de dar respuestas a las preguntas que ellos plantean.

En el libro de texto se incluyen actividades que permiten al profesor conocer las ideas previas que tienen los alumnos acerca de los diferentes temas que trabajarán; se introducen preguntas y propuestas para que los alumnos redacten textos explicativos, dibujen o realicen debates.

Todas esas actividades les permiten analizar e interpretar la información que les ayuda a desarrollar sus habilidades para identificar los aspectos más relevantes de cada asignatura en relación con su vida diaria.

El maestro y los libros de texto

Más allá de la estructura y la organización de los materiales, más allá del espacio y la oportunidad está el papel del profesor, decisivo para el éxito de la escuela (Cohen, 1997). El maestro es el agente principal de la educación, es el eje en que descansa la actividad práctica de todo el aparato escolar. El Plan de Estudios, los libros de texto, los materiales didácticos y cualquier otro auxiliar para la enseñanza son insustanciales sin la participación del profesor. Él es el mediador de todo el proceso. Está obligado a conciliar entre los modelos de comportamientos apropiados, que permitan dar ejemplos de seguridad en su práctica educativa, hasta incluir las aspiraciones del propio educando. Los profesores se cuentan entre las influencias más importantes en la vida y el desarrollo de los niños y desempeñan un papel clave en la formación de las nuevas generaciones. Mediante la metodología que utilizan en su enseñanza inciden en la manera como sus alumnos estudian y aprenden cada asignatura, que puede tener efectos positivos o negativos en él.

Las mayores satisfacciones de la enseñanza escolar no se hallan en la remuneración, el prestigio o la promoción, sino en lo que Lotier (Cohen, 1997) llamó las *compensaciones psicológicas* de la docencia. Se refiere al placer y satisfacción que se obtienen al preocuparse y trabajar con y para los niños. Por lo tanto, el uso del libro de texto tendría que estar en relación con la actividad que desempeña el profesor, como buscar y diseñar situaciones problemáticas, elegir actividades y graduarlas de acuerdo con el nivel del grupo, proponer situaciones que contradigan las ideas equivocadas de los alumnos, promover el diálogo y las interacciones de los alumnos, coordinando la discusión sobre las ideas que se generen y que van más allá de la transmisión de conocimientos.

El profesor debe tomar en cuenta que su papel no se limita a ser un facilitador de la actividad. Si bien debe respetar la actividad y creatividad de los alumnos, también debe intervenir con sus orientaciones, explicaciones y ejemplos ilustrativos cuando se requiera.

Estrategias didácticas para el uso de los libros de texto

El factor más importante de la calidad de la educación en los alumnos es sin duda la calidad del docente. Estudios sociológicos y antropológicos coinciden en identificar los efectos de las creencias y actitudes de los maestros sobre la autopercepción y el éxito o fracaso de los estudiantes (Schmelkes, 1997).

El maestro que maneja en su planeación el uso reflexivo de los procedimientos que utiliza para realizar determinada tarea, tomando en cuenta los intereses y necesidades de los alumnos y los materiales didácticos con los que cuenta –entre ellos el libro de texto y el tiempo destinado al desarrollo de cada asignatura–, desarrolla estrategias de aprendizaje. Utilizar una estrategia supone algo más que el conocimiento y el uso de técnicas o procedimientos en la resolución de una tarea determinada, va más allá; es ayudar, fomentar y orientar el desarrollo integral de los alumnos, con la finalidad de enfrentar óptimamente su vida futura. Las estrategias son siempre conscientes e intencionales, dirigidas a un objetivo relacionado con el aprendizaje (Monereo, 1997).

Para abordar el trabajo que se desarrolla con los libros de texto, voy a mencionar algunas estrategias que orientan al maestro para su utilización.

- Comenzar con la *planificación* en la que se formule qué se va hacer y cómo se llevará a cabo durante todo el año, por semestre, bimestre, mes o semana. El tiempo y esfuerzo dedicado a la planificación deberá corresponder a la complejidad de la tarea y al grado de familiaridad que tenga el alumno con la actividad. Es de gran utilidad dar un horario a cada asignatura, especificando tentativamente un espacio para trabajar con los libros de texto.

- Desarrollar por medio del diálogo el pensamiento *reflexivo consciente* del alumno ante problemas que van apareciendo durante el trabajo con los libros. Proponer actividades interesantes, que no sólo sean subrayar y copiar textos sino que se puedan utilizar técnicas de estudio, aplicadas a la información, leer y elaborar cuadros sinópticos, redes semánticas, analogías, lecturas de comprensión, resúmenes, análisis de situaciones problemáticas, síntesis, etcétera.
- Llevar a cabo la *realización* de la tarea, controlando continuamente el curso de acción y efectuando cambios deliberados cuando se considere indispensable; explicando con claridad el funcionamiento de la clase, proponiendo ejemplos y mencionando las razones que los justifican a través de un trabajo secuencial y cooperativo entre los miembros de la comunidad educativa, para favorecer el proceso de enseñanza-aprendizaje. Se obtendrá de esta manera mayor calidad en la educación.
- Aplicar la *evaluación* durante el proceso de desarrollo en el manejo de los libros de texto, esto es que, basado en el avance que se vaya obteniendo durante el ciclo escolar, será necesario valorar la utilidad y apoyo del libro de texto, tanto en la planificación como en el proceso y los resultados del trabajo, como forma de mediación entre los educandos y el conocimiento.

Para analizar el texto y lograr su comprensión es importante considerar los recursos con los que se cuenta, como el avance programático, el libro de cada asignatura y nivel escolar, la guía del maestro, los ficheros, el libro para el maestro, los Libros del Rincón y cualquier otro material auxiliar. Todos ellos proporcionan herramientas suficientes para impartir una educación de calidad. Considero que es importante mencionar la taxonomía de Monereo Carles (1997), en la que se identifican hasta diez grupos de habilidades que se pueden desarrollar en el alumno y utilizar para el trabajo que se realiza con los libros de texto de las diferentes asignaturas.

- La observación de fenómenos con procedimientos, como registro de datos, autoinformes, entrevistas o cuestionarios.
- La comparación y el análisis de datos con procedimientos, como el emparejamiento, las tablas comparativas, la toma de apuntes, el subrayado, la prelectura o la consulta de documentación.
- La ordenación de hechos con procedimientos, como la elaboración de índices alfabéticos, numéricos, inventarios, colecciones, catálogos, la distribución de horarios o la ordenación topográfica.
- La clasificación y síntesis de datos con procedimientos, como los glosarios, los resúmenes, los esquemas o los cuadros sinópticos que se pueden desarrollar por ejemplo en Geografía, Historia y Ciencias Naturales.
- La representación de fenómenos con procedimientos, como los diagramas, los mapas de conceptos, las maquetas y planos, los dibujos, las historietas, los periódicos murales o el uso del gesto y la mímica.
- La retención de datos con procedimientos, como la repetición, la asociación de palabras o de palabras e imágenes.
- La recuperación de datos con procedimientos, como son las referencias cruzadas, el uso de categorías o las técnicas de repaso y actualización.

- La interpretación e inferencia de fenómenos con procedimientos, como el parafraseado, la planificación y anticipación de consecuencias, la formulación de hipótesis y la utilización de inferencias deductivas e inductivas.
- La transferencia de habilidades con procedimientos, como la autointerrogación o la generalización.
- La demostración y valoración de los aprendizajes con procedimientos, como la presentación de trabajos e informes; la elaboración de juicios y dictámenes, así como la confección de pruebas y exámenes.

Todas estas habilidades y sus correspondientes procedimientos de aprendizaje son apoyos para desarrollar los contenidos de cada área, utilizando los libros de texto. Aprender a utilizar los procedimientos de aprendizaje requiere de un cambio en el quehacer educativo, tanto del que enseña como del que aprende.

Es entonces que, a partir de nuevas estrategias implementadas por los maestros, se aprovechará el tiempo para el trabajo desarrollado en la educación.

La evaluación y los libros de texto

La parte de la evaluación dentro del proceso educativo es una más de las situaciones que le preocupan al profesor. Para Cassanova (1998), la *evaluación* aplicada a la enseñanza y el aprendizaje consiste en un proceso sistemático y riguroso de obtención de datos –evaluación cuantitativa–, incorporado al proceso educativo, significativo para conocer la situación, formar juicio de valor y tomar las decisiones adecuadas para proseguir la actividad educativa, mejorándola progresivamente. Esta definición alude a la evaluación formativa, que es la que se pretende alcanzar con los alumnos –evaluación cualitativa–. Los objetivos que pretende la evaluación son (Cassanova, 1998):

- Detectar la situación de partida general para dar comienzo a un proceso de enseñanza y aprendizaje.

- Facilitar la elaboración de la programación idónea y adecuada para los alumnos en función del diagnóstico realizado.
- Conocer las ideas previas de los alumnos.
- Adaptar el conjunto de elementos de la lección a situaciones del grupo.
- Mediar el proceso de enseñanza y aprendizaje.
- Utilizar los resultados obtenidos.
- Detectar los objetivos no alcanzados, incorporándolos a lecciones siguientes.
- Confirmar o reformular la programación en función de los datos obtenidos.
- Elaborar informes descriptivos acerca del proceso de aprendizaje de cada uno de los alumnos.
- Regular y mejorar la organización y actuación del profesor.
- Seleccionar los recursos didácticos y programas específicos de cada centro.

Con base en la definición y los objetivos antes mencionados puedo decir que la evaluación es parte importante del proceso educativo, porque además de ser la base para asignar calificaciones y definir la acreditación, permite conocer el avance de los conocimientos, habilidades y actitudes de los alumnos respecto de su situación inicial y de los propósitos previamente establecidos; también permite valorar la eficacia de las estrategias, actividades y de los recursos empleados en la enseñanza (SEP, 1999), como el del libro de texto.

Los criterios de evaluación deben ir en función de los conocimientos previos de los alumnos y los propósitos de enseñanza, sin perder de vista los *conocimientos*, las *habilidades* y las *actitudes* y *valores*.

Una de las ideas que subyacen en la propuesta actual para la enseñanza al trabajar con los libros de texto, es que el proceso de aprendizaje de los alumnos sea evolutivo, es decir, no todos los niños construyen los conocimientos que se están trabajando al mismo tiempo. Por eso es recomendable que, al evaluar a los alumnos, el profesor considere la comunicación oral y escrita; valore los contenidos, habilidades y actitudes a través de la elaboración de un plan de trabajo personal o grupal; incorpore preguntas clave en estudio de texto; dé seguimiento a las actividades que realiza cada alumno; detecte la destreza y habilidades que muestran los alumnos en el manejo de instrumentos, etcétera. Existen recursos valiosos que la Secretaría de Educación Pública proporciona a las escuelas, como los libros para el maestro de cada asignatura y ciclo escolar, que orientan el trabajo del profesor y proponen estrategias para evaluar el proceso de aprendizaje del alumno y el seguimiento que se lleva en una planeación, por tanto, hay que revalorar el papel del libro de texto.

Recomendaciones finales

En relación con lo que he mencionado, sugiero utilizar el libro de texto como:

- Un auxiliar y no como un fin de la educación.
- Incorporar a su riqueza los conocimientos previos del alumno.
- Hacerle adecuaciones de acuerdo con las necesidades y dinámica del grupo.
- No “rellenarlo”, sino utilizar sus actividades para conducir la construcción del conocimiento del alumno.
- Considerar que el avance del alumno en sus ejercicios es una información sustancial como evaluación formativa.

Fuentes Documentales

Almendros, H. (1985). *La escuela moderna, ¿reacción o progreso?* Cuba, Ciencias Sociales.

Cassanova, M. A. (1998). *La evaluación educativa*. España, Muralla.

Cohen, D. (1997). *Cómo aprenden los niños*. México, SEP.

Dean, J. (1993). *La organización del aprendizaje en la educación primaria*. España, Paidós.

Fullan, M., y **Hargreaves A.** (2000). *La escuela que queremos*. México, SEP.

Gardner, H. (1997). *La mente no escolarizada*. España, Cooperación Española.

Henson, K. T. y Eller B. F. (1999). *Psicología educativa para la enseñanza eficaz*. México, Thomson.

Menese, Ernesto. (1998). *Tendencias educativas oficiales en México 1911-1934, 1937-1964, 1976-1988*. México, UIA.

Monereo, C. (1997). *Estrategias de enseñanza y aprendizaje*. España, Cooperación Española.

Ornelas, C. (1996). *El sistema educativo mexicano*. México, FCE.

Sarramona, J. (1989). *Cómo organizar la clase*. Barcelona, España, CEAC

Los asesinos de la creatividad en la escuela

La creatividad en el aula: ¿una especie en extinción?

El verdadero maestro no es aquel que te presta sus alas sino el que te ayuda a desplegar las tuyas.

Lilian Dabdoub Alvarado

En una ocasión tuve la oportunidad de ver un video muy interesante sobre un experimento en una escuela de nivel preescolar.

Me resultó tan significativo en ese momento para comprender las confusiones que en ocasiones tenemos respecto a la creatividad, que no lo he podido olvidar.

En la primera escena se veía un salón de clases típico del nivel preescolar, con unas mesas rectangulares con sillas pequeñas apropiadas para la edad de los niños. En cada uno de los lugares se encontraba una cartulina con una figura, como la que se muestra a continuación.

Frente a la cartulina, del lado derecho, se encontraban algunas bolitas de algodón y del lado izquierdo, pegamento y un recorte ovalado de color rosa.

Una vez que la cámara nos ha permitido ver lo que hay en el salón, entra la maestra y los niños detrás de ella; cada uno elige un lugar y comienza a curiosear lo que hay sobre la mesa. La maestra, después de saludarlos con mucho entusiasmo les pregunta: " ¡Adivinen qué vamos a hacer hoy!" Y en coro le contestan: "¡Un conejo!"

Enseguida la maestra procede a dar las instrucciones paso a paso y a mostrar con sus movimientos a los niños lo que tienen que hacer; toma una bolita de algodón, le pone pegamento, lo pega dentro del contexto de la figura marcada en la cartulina. Y da tiempo a que cada uno de los niños lo haga en su trozo de papel.

Después de un rato les pide a todos que levanten sus trabajos y lo que se puede observar son: ¡20 conejos idénticos! La maestra aplaude y felicita a los niños por lo bonitos que quedaron sus trabajos.

En la siguiente escena se observa que en las mesas hay cartulinas, pegamento, tijeras, algodón, crayones y otros materiales. La maestra entra al salón con una caja y la pone en el suelo. Inmediatamente salen de ella, brincando, conejos de diferentes colores y tamaños. Los niños, al entrar atrás de la maestra y ver a los conejos, comienzan a correr detrás de ellos, se meten bajo las sillas y mesas.

Algunos consiguen atrapar a alguno de los conejos, los acarician, se ríen, imitan el movimiento de sus narices y de sus colas, brincan tras ellos y se arma un bullicio. Después de un rato la maestra decide que es momento de llevarse a los conejos y los saca del salón.

Enseguida les pregunta a los niños: "¿Qué les parece si ahora hacemos un conejo?" Por respuesta recibe un ¡sí! entusiasta de los niños, que se lanzan sobre los materiales y se concentran en elaborar su conejo. Cada uno decide cómo lo quiere hacer.

Alguno toma un crayón y dibuja un círculo grande y otro más pequeño en la parte inferior. Tal parece que la parte que más le llamó la atención fue el rabito del conejo. Otro dibuja, a su manera, la cara del conejo. Otro más decide hacer una bola de algodón e irle dando forma.

La maestra durante todo este tiempo observa el trabajo de los niños, los anima sin interrumpirlos y de alguna manera se mantiene respetuosa a la concentración que observa en ellos.

Transcurrido un tiempo, la maestra les pide que detengan su trabajo y les propone que muestren su conejo a los demás. Cuando levantan sus trabajos, se pueden observar: ¡20 conejos diferentes!

Si se buscaba estimular la creatividad, no cabe duda que en la primera situación se pudieron estimular diversas habilidades como la atención, la coordinación visomotora; sin embargo, es en la segunda en donde se establece una serie de condiciones que permitirán que los niños desarrollen un producto único que refleje sus inquietudes y sea expresión de su forma de ver una parte de la realidad; aspectos, todos ellos, relacionados con la creatividad.

Este video me hizo pensar en cuántas veces podemos pensar que estimulamos la creatividad, solamente por el hecho de llevar a cabo con los niños una actividad manual o artística. Y, sin embargo, ni siquiera logramos que se interesen por completo en la actividad o se sientan motivados ante ella.

Con muy buena voluntad se pueden hacer, en la escuela y en la casa, muchas cosas que supuestamente buscan favorecer la creatividad y, sin embargo, pueden no sólo no lograr este propósito sino incluso hasta resultar contraproducentes. También es común que en los planes y programas de estudio se plantee entre los objetivos el desarrollo de la creatividad y, sin embargo, en las actividades de aprendizaje cotidianas dentro y fuera del aula no se promueva intencionalmente.

En ocasiones pareciera que el simple hecho de posibilitar a los niños la manipulación de diversos materiales, como pintura de dedos, pegamento, tijeras, etcétera, en algún tiempo adicional e independiente del resto de las actividades, les permitiera expresar su creatividad.

Hay ingredientes esenciales que requieren estar presentes en una situación para que se eche a andar el proceso creativo. De ellos hablaré más adelante. Ahora me parece importante identificar algunas actitudes y conductas de los educadores que pueden obstaculizar la creatividad en los alumnos.

Para estimular el desarrollo de las habilidades creativas, es indispensable comprender el concepto de creatividad y cuáles son las conductas y actitudes que la favorecen y cuáles la obstaculizan.

¿Qué es la creatividad?

La creatividad es uno de esos términos en donde caben muchas cosas e incluso, por mucho tiempo, entre los autores no ha existido un acuerdo generalizado sobre lo que se entiende con este término. La creatividad es un concepto complejo, que ha sido estudiado desde diferentes disciplinas: la psicología, la antropología, la sociología y muchas más. La creatividad involucra procesos cognitivos, afectivos, neurológicos, sociales y de comunicación, entre otros, por lo que su estudio no puede abordarse desde un solo punto de vista.

A continuación señalaré los puntos en común que los diversos estudiosos del tema han encontrado al definir la creatividad:

- Es la posibilidad de transformar la realidad.
- Presenta un carácter original.
- Requiere de habilidades cognitivas y de actitudes o disposiciones favorables del individuo o grupo.
- Implica un proceso que culmina en la comunicación de la idea, hallazgo o producto a otros individuos.

Saturnino de la Torre, amigo, estudioso de la creatividad y ejemplo viviente de lo que es un individuo creativo, afirma respecto a nuestra preocupación y necesidad de definir la creatividad, que es más fácil vivirla que definirla. "La creamos a cada momento, sin que ello requiera conocer su significado científico." (de la Torre, 1999). Y nos ilustra estas afirmaciones con su poema:

Escultura tallada en palabras

¿Qué es la creatividad?
Te preguntas, mientras lanzas
la duda a tu pensamiento
sin conseguir aclararla.

¿En qué está lo creativo?
Insistes con tu mirada
ansiosa de una respuesta
que te viene denegada.

Mira en ti, en la Conciencia,
y lograrás encontrarla
bordada de fantasía
o de ingenio disfrazada,
de actitud abierta al medio,
de imaginación alada,
de originales ideas
o de vida cotidiana.

La vida es relación
y ésta viene acompañada
del sentimiento que late
en lo profundo del alma.

Creatividad es vida,
la vida trae esperanza,
la esperanza es ilusión
que al futuro pone alas.

De la Torre, 1999.

Una forma de aproximarnos a la comprensión de la creatividad es a partir de un marco de referencia sistémico, que incluye lo que Isaksen (2000) ha denominado *"las cuatro 'pes' de la creatividad"*: **p**ersona, **p**roducto, **p**roceso y **c**lima (en inglés ***press***, presión, también referido como contexto).

Ya que los diversos estudios sobre la creatividad han abordado estos aspectos, podemos tener una comprensión más amplia de cada uno de ellos.

Persona: características de los individuos

El estudio de las características de la persona relacionadas con la creatividad se ha abordado desde diferentes perspectivas (Dabdoub, 1997): 1) Desde las teorías de la personalidad, 2) Mediante la identificación de los rasgos que caracterizan a los individuos que han tenido productos creativos, 3) Identificando las habilidades cognitivas, actitudes y estilos de creatividad.

Cada una de estas aproximaciones aporta algún elemento para integrar el rompecabezas que nos permite fundamentar propuestas teóricas y metodológicas orientadas a favorecer el desarrollo de la creatividad.

En este espacio sólo señalaré una síntesis de los aspectos más referidos, respecto a la persona creativa, que incluye tanto habilidades como actitudes:

- Fluidez.
- Flexibilidad.
- Originalidad.
- Capacidad para identificar problemas.
- Imaginación.
- Curiosidad.
- Toma de riesgos.
- Tolerancia a la ambigüedad.
- Alto nivel de energía.
- Intuición.
- Independencia.
- Apertura.

Es importante subrayar que esta lista no pretende ser exhaustiva, sólo pretende señalar los aspectos más relevantes, en los que los autores han coincidido que caracterizan al individuo creativo.

Proceso: operaciones o acciones

Para comprender la creatividad ha sido importante investigar cómo se lleva a cabo el proceso creativo en el individuo. Varios autores han propuesto, con base en sus estudios de personas creativas, las fases del proceso creativo.

Aquí presento de manera sintética las etapas propuestas por Wallas (1926):

- *Preparación*: consiste en la búsqueda inicial de ideas, de información que puede orientar el proceso. En esta etapa podemos experimentar ansiedad debido a la ambigüedad del momento y no podemos visualizar cómo se desarrollará todo el proceso hasta llegar a un resultado.
- *Incubación*: se considera que es un momento de trabajo a nivel inconsciente, en el que aparentemente no nos estamos ocupando del problema o idea y, sin embargo, seguimos haciendo conexiones, combinaciones que nos conducirán a una idea o solución de una situación.
- *Iluminación*: consiste en el hallazgo de la idea, el momento en que damos con la solución a una problemática o en que la nueva idea toma forma. A esta etapa se le asocia con expresiones como: *¡Eureka! ¡Se me prendió el foco! ¡Me cayó el veinte!*

Producto: resultados

Los productos creativos pueden tomar diversas y variadas formas y pueden o no ser tangibles. Esto es, un producto creativo puede consistir en una nueva forma de desarrollar una clase o una nueva combinación de palabras para crear un poema. Puede consistir en un invento tecnológico o en una forma original para llevar la contabilidad. No existe un dominio único en el que se dé la creatividad, un producto creativo se puede desarrollar en el terreno de las artes, de las ciencias, de las relaciones humanas, en fin, en todas las actividades que realiza el ser humano.

Los autores han coincidido en algunos aspectos esenciales que caracterizan a un producto para poder denominarlo creativo, aun cuando no hay que perder de vista que el contexto en el que se presenta dicho producto puede aportar criterios particulares para poder calificarlo o no como creativo.

Los criterios esenciales para considerar un producto como creativo son:

- Originalidad.
- Novedad.
- Utilidad.
- Síntesis o integración de ideas.

Algunos autores, como Kirton (1989), consideran que existen dos estilos de creatividad cuyo resultado se traduce ya sea en el *mejoramiento* de una idea, producto o servicio, o bien en su *transformación* a través de la ruptura de un esquema establecido. En este sentido, el producto creativo puede consistir en algo nuevo, que se obtiene por su mejoramiento, o bien algo nuevo que resulta de la transformación de lo existente en algo totalmente distinto.

Clima: contexto, condiciones presentes

El clima se refiere al contexto o situación en los que tiene lugar el proceso creativo. Consiste en aquellos factores que favorecen u obstaculizan la creatividad de los individuos. Más adelante abordaré con detalle cuáles son las características de un clima que permite que florezca la creatividad.

¿Por qué es importante la creatividad?

La creatividad es el motor que mueve la evolución del ser humano, siempre ha estado presente en su vida de modo natural.

- *La creatividad permite transformar la realidad y mejorarla.* En la formación de niños y jóvenes, el desarrollo de las habilidades y actitudes creativas puede permitirles adaptarse con mayor éxito a un mundo en incesante y vertiginoso cambio. Esta afirmación podría parecer paradójica por mencionar la "adaptación". Sin embargo, al hablar de creatividad implícitamente estamos hablando de flexibilidad, por lo que la adaptación a la que nos referimos tiene que ver con un proceso dinámico y no con una respuesta pasiva de conformismo ante los cambios.
- *La creatividad nos produce satisfacción, alegría y nos conduce a niveles más altos de realización personal.* Al expresar nuestra creatividad de diversas maneras, obtenemos mejor calidad de vida, no sólo porque encontremos formas de satisfacer alguna necesidad específica sino porque nos da la oportunidad de darle dirección a nuestra vida, aumenta nuestra autoestima y sentido de competencia.
- *La creatividad es un camino hacia la trascendencia.* Nos abre la posibilidad de dejar huella en las personas que nos rodean a través de nuestros actos creativos. Éstos se traducen en nuevas opciones, en nuevas realidades, no sólo para nosotros mismos, que al comunicarnos con el otro y vivir la creatividad, a través de nuestras actitudes y conductas, podemos crear mundos mejores con terreno fértil para el desarrollo del potencial del hombre, haciendo con ello un servicio, por pequeño que sea, a la humanidad.
- *La creatividad consiste en un marco de referencia, en un conjunto de habilidades y de actitudes para dar respuesta a las situaciones inesperadas, siempre cambiantes en nuestra vida.* La creatividad es un recurso que nos permite ver la vida desde diferentes encuadres, expandiendo nuestras posibilidades de manera invariable. Los cambios permanentes a diferentes niveles de la vida humana en la

> sociedad, en el campo laboral, en la cultura, en la economía y en la política, que repercuten en nuestra vida cotidiana, conformando esquemas diversos en cuanto a horarios, actividades, estructura familiar nos demandan generar nuevas formas de responder a lo nuevo, a lo desconocido e inesperado. ¿De qué manera podemos asegurarnos de equipar a los niños y jóvenes de hoy con lo necesario para el viaje que emprenden, si desconocemos las eventualidades que les tocarán vivir?

Las actitudes creativas, las habilidades para el pensamiento crítico, una adecuada autoestima y auto confianza son, entre otros, los recursos que les permitirán estar siempre bien equipados, sin importar las eventualidades que tengan qué enfrentar.

La muerte de la creatividad en el aula

Las experiencias que tienen los niños en los primeros años de escuela, de alguna manera los marcan, porque se van integrando a su personalidad, a su forma de ver el mundo y de enfrentar la realidad.

Hay mensajes, implícitos o explícitos, que les proporcionan los ladrillos para ir construyendo barreras, que después tendrán que derribar para encontrar su creatividad enterrada. El cemento con que se van uniendo estos ladrillos son la inseguridad, la baja autoestima, el temor a ser rechazado o ridiculizado.

Veamos qué hacemos los educadores para enterrar a la creatividad:

- *Avergonzar al alumno cuando* comete un error o da una respuesta fuera de lo común.
- *Controlar excesiva y permanentemente la actividad,* con base en instrucciones y sin posibilidad de variación.
- *Utilizar excesivamente recompensas*, estrellas y sellos que a la larga matan la motivación intrínseca del alumno.
- *Fomentar la competencia entre los alumnos.*

- *Plantear expectativas inadecuadas* respecto a la capacidad del alumno, ya sean muy bajas o muy altas. A un alumno talentoso, una actividad que no resulta desafiante, puede percibirla aburrida. Por otra parte, un alumno que tenga alguna limitación de conocimiento o de habilidad para realizar una tarea, puede sentirse abrumado y desmotivado si la dificultad o complejidad es muy alta.
- *Restringir la libertad para elegir* respecto a la forma de llevar a cabo las actividades.
- *La supervisión constante del trabajo del niño,* pareciera que estamos esperando en qué momento lo hace mal, para poder demostrarle cómo se hace.
- *Ignorar sus esfuerzos y triunfos,* haciéndolo sentir que nunca es suficiente.
- *Usar el temor al castigo* o la asignación de un peso en la calificación a las actividades, como forma para motivar a los alumnos.
- *Enfatizar que el control exclusivo del salón de clases lo tiene el profesor.*
- *Utilizar conductas para "señalar"* a los que salen de la norma, a los que hacen preguntas inusuales, a los que se expresan con dificultad, a los que son más tímidos, etcétera.
- *Evitar "perder el tiempo" con temas que están "fuera de programa*", por lo que existe poca oportunidad para discernir sobre ideas originales que puedan tener los alumnos o sobre inquietudes que les surgen al estudiar algún tema.
- *Usar frecuentemente el "no"* ante las propuestas o ideas divergentes de los alumnos, sin apenas escuchar lo que quieren decir.
- *Subrayar la división entre juego y trabajo* y la asociación entre juego-diversión-pérdida de tiempo, trabajo-importancia-utilidad.
- *Emplear estereotipos y generalizaciones* para evaluar el trabajo del alumno.

Un clima propicio para el florecimiento de la creatividad en el aula

A los estudiosos de la creatividad, desde hace tiempo les ha interesado comprender, de manera precisa, cuáles son las condiciones que favorecen el desarrollo y la expresión de la creatividad del ser humano.

Ekvall (1983) con esta inquietud en mente realizó un estudio en el que se pedía a los individuos de empresas reconocidas e innovadoras en Suecia, que identificaran qué aspectos del ambiente laboral consideraban que tenían un efecto positivo en su creatividad. Con base en sus respuestas fue perfilando un instrumento que le permitió identificar de manera precisa las características de un clima favorable para la creatividad.

Inicialmente este estudio ha surgido en las empresas, debido a que se ha comprendido el impacto que tiene el clima en la productividad y competitividad. Los resultados obtenidos se han transferido y analizado también en los ambientes educativos, confirmando los hallazgos que se tenían en las organizaciones.

Para mí es muy valioso constatar, con base en los estudios que se han realizado en diferentes ámbitos y naciones, así como en las experiencias personales en diversos talleres, en empresas y en instituciones educativas, que no importa la cultura, el grupo social en el que nos encontremos o el país en el que vivamos, la percepción que tenemos sobre lo que nos permite expresar nuestra creatividad es la misma. Al igual que todos los seres humanos para vivir necesitamos la misma composición del aire y del agua, los ingredientes que requerimos de un clima para desarrollar nuestra creatividad son los mismos.

Actualmente se cuenta con un marco de referencia que permite comprender cuáles son las características de un clima que favorece la innovación y el cambio a partir de las investigaciones de diversos autores, Ekvall (1983, 1995, 1996); Amabile (1988, 1995); Isaksen, Lauer, Murdock, Dorval y Puccio (1995), entre otros.

Por clima entendemos todas las *conductas, actitudes y sentimientos* que se presentan de manera cotidiana en un grupo u organización. Se han identificado nueve dimensiones de un clima favorable para la creatividad que nos orientan sobre los aspectos que podemos mejorar para abonar el terreno de la creatividad (Isaksen, Lauer, Murdock, Dorval y Puccio, 1995).

- Desafío y compromiso: *se refiere al grado en el que las personas de un grupo se comprometen con las actividades cotidianas y las metas a largo plazo.*
- Libertad: *la independencia de conducta con la que cuenta la gente en el grupo.*
- Confianza y apertura: *la seguridad emocional en las relaciones interpersonales.*
- Tiempo para idear: *la cantidad de tiempo que pueden utilizar las personas para generar nuevas ideas.*
- Juego y sentido del humor: *la espontaneidad y soltura que expresan las personas en el grupo.*
- Conflicto: *la presencia de tensiones personales y emocionales en el grupo –en contraste con las tensiones debidas a las diferencias de opinión identificadas en la dimensión de discusión o debate–.* Esta dimensión, aunque negativa, está presente en cualquier ambiente social, en un ambiente favorable para la creatividad debería presentarse en un nivel bajo.
- Apoyo a las ideas: *la forma en que se reciben las ideas.*
- Discusión o debate: *la presentación de desacuerdos entre diferentes puntos de vista, ideas, experiencias y conocimientos.*
- Toma de riesgos: *la tolerancia a la incertidumbre y a la ambigüedad experimentada en el grupo.*

En la escuela es indispensable tomar en cuenta las dimensiones del clima, que influye en procesos psicológicos, tales como la capacidad para aprender, para solucionar problemas de manera innovadora y para trabajar en equipo, entre otros.

¿Qué se puede hacer en la escuela para promover un clima favorable para la creatividad?

A partir de las dimensiones definidas con anterioridad y considerando el trabajo realizado por Treffinger, Isaksen y Dorval (1996), así como en las experiencias recogidas en diversos talleres con docentes, en múltiples instituciones educativas, mencionaremos algunas sugerencias para promover la creatividad de los alumnos.

Desafíos y compromiso: *presentar las actividades en forma novedosa y desafiante.* Para lograr que el estudiante se interese y se comprometa con la actividad y con su propio proceso de aprendizaje es indispensable que se le planteen actividades que representen un desafío, acorde con sus habilidades, talentos y conocimientos. Esto quiere decir que cuando el alumno percibe una actividad como sencilla o conocida, puede asociarla con aburrimiento, es como cuando podemos prever el final de la película. Y, por el contrario, si se la percibe como demasiado difícil, puede provocarle desaliento.

Incluir actividades acordes con las edades de los alumnos, como, adivinanzas, acertijos, juegos matemáticos, problemas que incitan la curiosidad del alumno, además de utilizar preguntas abiertas disparadoras de opciones: *–¿Qué pasaría si...? ¿De qué otra manera...? ¿Y por qué no...?–.*

Libertad: *dar al niño o joven la posibilidad de elegir, de acuerdo con su edad, nivel de desarrollo y con la actividad.* Es importante identificar oportunidades para que los alumnos practiquen su capacidad para tomar decisiones, desde elegir el material o forma para realizar un trabajo hasta establecer en forma consensuada cuál será la consecuencia de un comportamiento que perturbe el trabajo del grupo, por ejemplo: ¿cómo podrán tomar decisiones acertadas en su vida futura cuando difícilmente los apoyamos para que se entrenen, tomando las mínimas elecciones en un ambiente protegido?

Juego y sentido del humor: *incluir como un ingrediente indispensable en la vida cotidiana, en el salón de clases, el entusias-*

mo, la alegría, la posibilidad de bromear y jugar con las ideas. Abrir espacios para la fantasía y evitar considerarlos como pérdida de tiempo o lujo superfluo.

Algunas opciones para introducir este elemento en el clima del aula son: la utilización de metáforas, analogías, cuentos en los que los niños hagan transformaciones insólitas; contar anécdotas chuscas que les hayan pasado a los profesores, a los niños o a sus familias; decorar el salón con caricaturas divertidas, jugar transformando los temas con preguntas provocadoras como: ¿qué hubiera pasado si...?

Confianza y apertura: *promover la comunicación y el respeto entre los alumnos.* Establecer oportunidades para que expresen sus inquietudes en un tono apropiado y puedan atenderse de manera grupal. Promover el respeto a las diferencias y resaltar su valor. No se trata de "tolerar" las diferencias sino de reconocer que cada individuo tiene fortalezas y debilidades, talentos únicos y que esto enriquece la vida en sociedad, que nos podemos complementar. Pueden enseñarse algunas reglas de comunicación para aprender a dar y recibir retroalimentación en forma adecuada y asertiva.

Apoyo a las ideas: *escuchar las inquietudes y propuestas de los alumnos y dar oportunidades y apoyo para llevarlas a cabo.* Evitar hacer juicios y evaluaciones prematuras sobre las ideas expresadas.

Es importante dar la oportunidad y recursos para que los alumnos lleven a cabo proyectos individuales o grupales que partan de sus propias inquietudes e intereses.

Establecer normas básicas para la presentación de ideas y proyectos, favoreciendo el respeto y la ayuda mutua y utilizar un lenguaje positivo frente a las ideas de los estudiantes. En lugar de decir: ***sí, pero...*** que resulta una frase "asesina" para el entusiasmo y motivación, es recomendable decir: "***Sí,** tu idea es interesante y... ¿qué más podrías hacer?*"

Tiempo para idear: *respetar los tiempos y ritmos de los estudiantes.* Al planear las actividades que buscan promover la creatividad en el estudiante, es importante que el profesor pueda establecer condiciones más o menos flexibles que permitan al niño comprometerse y "meterse" en la actividad a sus anchas. *Favorecer la experiencia del "fluir"*. De acuerdo con Csikszentmihalyi (1990), la creatividad se presenta cuando hay una sintonía entre el desafío que se enfrenta y las habilidades y talentos que poseemos. En una situación con estas características experimentamos una completa absorción en la actividad y la percepción del tiempo se altera. Podemos experimentar que el tiempo pasa mucho más rápido o mucho más lento.

Abrir la posibilidad de generar proyectos que se desarrollen en varias sesiones, presentando avances parciales, generando oportunidades cada semana para comentar ideas novedosas e inquietudes diversas, que se hayan despertado por acontecimientos relevantes para los alumnos.

Discusión o debate: *promover la posibilidad de expresar opiniones diversas de manera respetuosa y constructiva.* Un ingrediente importante para favorecer la creatividad es la posibilidad de expresar diversas opiniones y puntos de vista sin temor a ser criticado.

Esta dimensión está muy vinculada con la de confianza. Los alumnos aprenden que su opinión es valiosa aun cuando pueda ser diferente a la de la mayoría y que es importante que la fundamenten y que a su vez escuchen a otros.

Una actividad puede consistir en analizar programas de televisión o anuncios publicitarios para promover su capacidad de análisis y crítica.

Toma de riesgos: *permitir probar actividades que representan retos y estimular la tolerancia a la ambigüedad.* Las ideas novedosas pueden no contar con resultados certeros y predecibles, pero es importante que los alumnos se desenvuelvan en un ambiente que les permita probar cosas nuevas, sin sentirse presionados por los resultados que deben obtener. En un momento dado, los errores o resultados indeseados, pueden representar una oportunidad para el aprendizaje y no una fuente de rechazo o ridiculización.

Resulta útil y valioso enseñar a los estudiantes a identificar los posibles obstáculos a los que tendrán que enfrentarse al realizar un proyecto o idea, al igual que saber cuáles son los apoyos o fortalezas con las que cuentan.

Conflicto: *promover formas constructivas para atender los desacuerdos*. En cualquier grupo humano existe un peligro potencial de que exista conflicto, simplemente porque cada individuo es diferente y percibe la realidad desde su perspectiva particular. Sin embargo, en un clima favorable para la creatividad, el nivel de conflicto es bajo, se tiene un claro sentido de justicia y las personas aprenden a tener un control sobre las conductas impulsivas.

En el aula se pueden realizar dramatizaciones para ubicar a los alumnos en el lugar de otro y estimular la empatía.

Conclusión

En el aula el profesor y en casa el padre de familia, se convierten en jardineros que requieren conocer cuáles son las condiciones precisas de temperatura, humedad, nutrientes que necesitan los niños y jóvenes para florecer como seres creativos y auto-rrealizados. Es indispensable integrar la creatividad a la vida cotidiana, a la escuela y al currículum; es indispensable para favorecer la formación integral de los estudiantes y no considerarla como algo adicional que hacemos los viernes de la una a las dos, para que los alumnos se distraigan y relajen después del "trabajo" de la semana.

Por monótona que en ocasiones pueda parecer nuestra vida como educadores, no perdamos de vista la oportunidad que tenemos para acompañar, durante un breve tiempo, a nuestros alumnos e hijos en su travesía personal y contribuir en algo para que ésta los conduzca hacia el encuentro de sí mismos; es un privilegio que enriquece nuestras vidas y da sentido a nuestra labor.

Fuentes Documentales

Csikszentmihalyi, M. (1990). *Flow. The psychology of optimal experience.* New York, Harper & Row.

Dabdoub, A., L. (1997). *Diseño de estrategias para una enseñanza creativa.* Universidad de Santiago de Compostela, España, Tesis de Maestría.

De la Torre, S. (1999). *Creatividad y formación.* México, Editorial Trillas.

Ekvall, G. (1983). *Climate, structure and innovativeness of organizations: a theoretical framework and an experiment.* Stockholm, Sweden, The Swedish Council for Management and Organizational Behavior.

Goleman D., Kaufman, P., Ray M. (2000). *El espíritu creativo.* España, Vergara

Isaksen S.G., Dorval K. B. y **Treffinger J. D.** (2000). *Creative approaches to problem solving. A framework for change.* Williamsville, Nueva York, Creative Problem Solving Group-Buffalo.

Isaksen, S. G., Lauer, K. J., Murdock, M. C., Dorval, K. B., y **Puccio, G. J.** (1995). *Manual for the Situational Outlook Questionnaire.* Williamsville, Nueva York, Creative Problem Solving Group-Buffalo.

Kirton, M. (1989). *Adaptors and innovators: styles of creativity and problem-solving.* New York, Routledge.

Treffinger J. D., Isaksen S. G., Dorval K. B. (1996). *Climate for creativity and innovation: educational implications.* Sarasota, Fl., Center for Creative Learning.

Luz Analía Torres Aldama

La letra con sangre entra

La lectura dentro y fuera de la escuela

> *El libro, objeto frágil y poderoso, nos permite compartir la imaginación del mundo, y nos otorga enseguida la palabra propia.*
>
> **Carlos Fuentes**

Comenzaré contando y analizando una anécdota de la autora Silvia Dubovoy (1989). Durante la visita a biblioteca, presenció una escena bastante común, pero muy significativa. Se trataba de un padre y su hijo, ambos muy aficionados a la lectura.

El padre consultaba la contraportada y el índice de varios libros en la sección de filosofía y literatura. El niño hojeaba con atención diferentes obras en la sección infantil de la biblioteca. De pronto, el padre y el hijo dieron con el título que a cada quien le interesaba. El primero seleccionó la *Historia de la novela mexicana* y el segundo, de aproximadamente ocho años, el libro intitulado: *El club de los 7 secretos y otros cuentos*.

El padre supervisa el gusto de su hijo; cuando éste le muestra el título y la ilustración a todo color del libro que le ha llamado la atención, el padre hace un gesto de desagrado y trata de disuadirlo: "Mira hijo. Hay que leer cosas que de veras valgan la pena. ¿Por qué no te llevas *Veinte mil leguas de viaje submarino*? Su autor se llama Julio Verne y es un clásico de la literatura para niños y adolescentes. Es una novela de aventuras, pero al mismo tiempo te da muy buena información sobre geografía, sobre construcción de submarinos, etcétera. Además, como Julio Verne era un gran escritor, su lectura es muy útil para enriquecer el vocabulario, alimentar la imaginación y fomentar aficiones científicas. En cambio, éste parece un cuento sin interés y sin importancia. Lo lees una vez y ya no te sirve para nada; seguro que te han llamado la atención el título y el dibujo de la portada, hay que fijarse en el contenido de los libros para no perder el tiempo y el dinero. ¡Mejor llévate la novela de Julio Verne!"

Como casi siempre, el papá tenía "razón"; es decir, sus razonamientos estaban bien fundados. Hay que leer libros que al mismo tiempo entretengan e informen, que nos ayuden a enriquecer nuestro vocabulario, que inciten la curiosidad científica. Pero se olvidaba de algunos detalles; el primero, que estaba imponiendo a su hijo su propia preferencia y que la afición a la lectura tiene que comenzar por el gusto espontáneo de los niños.

Esta anécdota nos orienta sobre muchas verdades que debemos tomar en cuenta cuando nos interesa relacionarnos con los libros. En este caso se trata de un padre y un hijo, pero pueden suceder cosas semejantes entre el alumno y el maestro, o entre los encargados de la biblioteca y sus usuarios.

La moraleja es que no bastan las mejores razones e intenciones para orientar el gusto lector, hay que partir de la motivación del lector y sin lugar a dudas podemos informar, orientar y recomendar libros conforme a nuestro gusto y a nuestro criterio, pero siempre hay que partir de lo que realmente despierta la curiosidad y el interés concreto de cada lector.

Dentro de las instituciones educativas y en la sociedad en general prevalece el desinterés por la lectura y su promoción a edades tempranas.

Todos los maestros deseamos que nuestros alumnos aprendan y transfieran los nuevos conocimientos a la vida cotidiana; pero, ¿de qué manera lo hacemos?: solamente en el salón de clases. Esta idea debe cambiar lo más pronto posible, porque hay que descubrir nuevas formas para trabajar utilizando lugares propios de la escuela como patios, videotecas, bibliotecas y materiales novedosos y con un significado especial para la adquisición de conocimientos, esto generará aprendizaje significativo en los niños. También hay que tomar en consideración los estudios realizados por Jean Piaget, en los que subraya que la educación no es del todo un proceso que se desarrolle dentro de las escuelas "formales" sino que se logra también de la interacción del niño con su medio y, sobre todo, con su familia; en este caso, si la familia tiene un gusto especial por la lectura, el niño adquirirá el hábito desde edad muy temprana y se fortalecerá al paso de los años con ayuda de otros medios, como es la escuela.

La lectura

Cuando el hombre perpetua su visión del mundo a través de la abstracción gráfica, en ese momento surge la necesidad de interpretarlo, de decodificarlo para entender la cosmogonía de su propio universo: ¡Ante el rasgo escrito, el imperativo de leerlo!

A lo largo del tiempo, las grandes civilizaciones han trascendido y plasmado su huella en el sendero del tiempo, gracias a la educación y culturas propias.

La lectura y la comunicación, silente u oral, son importantísimas formas en toda lengua, que permiten al hombre desarrollar su capacidad estética y adquirir elementos culturales, que serán de gran utilidad para la conformación de su propia personalidad.

Leer es contar con la posibilidad de conocer otras culturas, otros pueblos; de interiorizarse en la grandeza del pensamiento humano para entender los anhelos, angustias, sueños e ideales acrisolados por la humanidad. Leer es dar a la imaginación el placer de viajar por cada una de las palabras, para crear estancias de bienestar humano.

Según estudios realizados por Bruno Bettelheim y Karen Zelan (Gómez Palacios, 1995), para el niño saber leer tiene tal importancia, que su experiencia en el aprendizaje de la lectura sella con frecuencia el destino de su vida académica. Si un niño considera que leer es demasiado difícil, aburrido o desagradable, es probable que extienda su juicio anterior a toda su vida escolar. De ahí la relevancia de que los maestros prestemos atención al fomento de la lectura.

Según Orientaciones Oficiales del Ministerio de Educación, Cultura y Deporte (*Educar en una Sociedad de Información*, Madrid, 1985), es necesario que la enseñanza escolar contribuya a crear lectores competentes en la utilización de diversos tipos de textos, a promover actitudes reflexivas y críticas ante los distintos medios de transmisión y difusión de la cultura, y así despertar el interés por la lectura como medio de entretenimiento y como espacio importante para el ocio.

Es necesario ofrecer una formación versátil para adaptarse a una sociedad cambiante, en la que la selección, recuperación y transmisión de información son aprendizajes imprescindibles, en la que el alumno debe disponer de las estrategias precisas para aprender por sí solo.

La reforma educativa para México incluye, en forma explícita en el currículo, contenidos que aborden el manejo de fuentes de información, así como la formación lectora de los alumnos desde una perspectiva amplia.

Nosotros los maestros no debemos sentir que la biblioteca nos va a quitar tiempo sino al contrario, debemos pensar con criterio didáctico, incluyente e innovador y buscar todos los beneficios que nos proporciona este recinto del saber. Con base en lo anterior me gustaría definir qué son las bibliotecas.

La palabra biblioteca proviene del griego *biblión*, libro, y *theke*, caja. Es un local o dependencia que dispone de un número considerable de libros o diversos materiales ordenados para su lectura y recreación. Otra definición de biblioteca se refiere al sitio o lugar en donde se localizan, debidamente clasificados y ordenados, los libros que están a disposición del público. La biblioteca es un lugar vivo que guarda una parte del saber humano asentada en libros y papeles. Hace ya mucho tiempo que las bibliotecas dejaron de ser un lugar reservado para eruditos y especialistas. En las salas de lectura de todo el mundo, se intenta reunir el mayor número de textos e informaciones para ponerlos a disposición de la mayor cantidad de personas, con la convicción de que el acceso mayoritario a las fuentes de cultura beneficiarán el progreso de cualquier sociedad.

Teniendo las definiciones anteriores acerca de las bibliotecas, a continuación hablaré de los libros, considerados el instrumento más poderoso de la cultura. Al maestro le toca infundir en sus educandos amor hacia ellos y de esta manera hacer que tengan un gran interés por consultarlos; así, los alumnos harán por medio del libro, las clases y las tareas más interesantes, más amenas y más atractivas, además de que su lectura les proporcionará recreación espiritual, sana y elevada.

Antonio Gala dice que "el libro es una pértiga que permite dar saltos imaginarios en el espacio y en el tiempo; es un infalible, insustituible e íntimo amigo silencioso".

De lo anterior se desprenden algunas ventajas de los libros:

- La lectura de libros implica y exige, en diferentes grados, la participación activa del lector.
- Con frecuencia, los libros despiertan la imaginación y fomentan la creatividad del lector.
- Ayudan al desarrollo de las capacidades intelectuales: atención, concentración y reflexión crítica.
- Todo lector puede releer el libro entero o los pasajes que le inspiren especial interés.
- La lectura por lo regular combina el estudio con el entretenimiento, el aprovechamiento informativo con la amenidad.

En cuanto a sus limitaciones o inconvenientes, éstos son muy pocos y accidentales:

- El hábito de la lectura de libros implica mayor esfuerzo personal y más disciplina que los otros medios de comunicación.

- Por falta de orientación y escaso espíritu selectivo, no siempre se eligen libros adecuados a la edad y al nivel cultural de los lectores.

El modelo de biblioteca escolar que subyace en las propuestas de la reforma educativa para el país es complejo y engloba diversos componentes: se concibe como un dinámico centro de recursos y un activo servicio de información que cumple con un papel esencial, en relación con el aprendizaje de los alumnos, con las tareas docentes y con el entorno social y cultural del centro. Es necesario promover la transformación de las actuales bibliotecas en verdaderos *centros* de documentación y recursos que reúnan las condiciones precisas para un buen funcionamiento. La cultura es un derecho que debe garantizarse desde la escuela y al que todos debemos tener acceso.

Por lo anterior, se pueden observar las inmensas posibilidades que tienen las bibliotecas como instituciones auxiliares para la escuela y la cultura y, por lo tanto, la gran importancia que tienen los libros como afirmadores y continuadores de la educación durante toda la vida del individuo.

Toda escuela o institución educacional debe poseer una colección de obras y formar de esta manera la biblioteca escolar, en donde el alumno encuentre todo lo necesario para realizar sus tareas escolares y así reafirmar los conocimientos adquiridos en clase. Pero también una biblioteca escolar ayuda a ampliar los horizontes intelectuales, de formación de valores, de hábitos, de carácter, etcétera. En la lectura de los libros interviene la construcción de la bibliografía de cada uno; la infancia está determinada por la lectura de ciertos libros; uno revive sus ilustraciones, la sensación del encuadernado en la piel de las manos y el tesoro de la juventud como fuente de aprendizaje.

La biblioteca ejerce gran influencia en el niño de edad escolar, porque de esta manera satisface los intereses que tiene en ese preciso momento. Cuando los niños son muy pequeños y no saben leer, conviene tener obras con ilustraciones acompañadas de un texto sencillo y breve.

Es de gran importancia que los títulos que contenga la biblioteca escolar sean seleccionadas de acuerdo con el nivel de desarrollo mental de los niños para que, de esta manera, las colecciones ayuden a la formación del individuo.

La biblioteca es un elemento de gran influencia desde los primeros años de *vida* del hombre. Las obras leídas especialmente en la niñez y en la juventud imprimen una huella profunda en cualquier individuo.

Cómo seleccionar los libros

Cuando se trata de adquirir libros para uso personal, la tarea de selección se facilita en la medida en que cada quien suele saber qué temas le interesan o qué genero literario le atrae más. Cuando se trata de adquirir libros para formar una colección destinada al uso de diferentes lectores, las dificultades aumentan, porque hay que considerar las necesidades, intereses y curiosidades del público heterogéneo. A continuación, unos consejos prácticos:

- Visitar con frecuencia las librerías para estar al tanto de la bibliografía disponible en el mercado y para tener cierta idea de cuáles son las publicaciones más recientes.
- Averiguar cuáles son los intereses predominantes entre los lectores, sean estos niños, adolescentes o adultos.
- Hay que tener una selección adecuada de libros basados auténticamente en el interés de los lectores y que sean de gran utilidad y aprovechados.
- Revisar cuáles títulos son consultados constantemente por los alumnos, para de ahí inferir sus intereses y adquirir material similar.
- Estar atentos para detectar aquellos materiales que despierten el gusto por la lectura y sugerirlos para iniciar a otros niños en este ejercicio.

Cómo diseñar una biblioteca

Para la organización de la biblioteca escolar debemos tener en cuenta que el local sea apropiado, considerar la amplitud, la accesibilidad de materiales y que la luz sea suficiente. Además, el lugar debe proporcionar un aspecto acogedor, limpio, alegre, cómodo, con buena temperatura, silencioso, etcétera. Los muebles deben ser sencillos, cómodos y fuertes, con el objeto de que resistan el uso continuo. Asimismo, deben estar de acuerdo con el tamaño de los niños.

Se debe elaborar un reglamento para toda la biblioteca en el que se tome en cuenta:

- Respetar los movimientos propios de la biblioteca y sus materiales.
- Exigirse la misma conducta para todos los visitantes –maestros, alumnos, empleados, etcétera–.
- Implantar esta medida desde el principio del año escolar. Se deben hacer cumplir todas estas medidas con firmeza y, al mismo tiempo, con tacto y cortesía.

Es necesario que el encargado de la biblioteca escolar posea ciertas cualidades que le ayuden a realizar su labor y obtener el mayor éxito posible, además de los conocimientos de su profesión. Entre esas cualidades deben destacarse amor a su trabajo y a los niños –a quienes principalmente auxiliará–, espíritu de servicio, eficiencia, afán de mejoramiento, cooperación, etcétera.

Los libros se organizan de acuerdo con un determinado sistema de clasificación. Uno de los más conocidos es el basado en el sistema decimal, que asigna a cada libro con una cifra numérica. Cada número corresponde a un sector o área del conocimiento, por ejemplo:

- El 0 corresponde a las obras de Referencia General, como bibliografías, enciclopedias, manuscritos y libros raros.
- El 1 corresponde a los temas de Filosofía.
- El 2 corresponde a Religión.

- El 3 corresponde a Ciencias Sociales.
- El 4 corresponde a Lenguas.
- El 5 corresponde a las Ciencias Puras.
- El 6 corresponde a Ciencias Aplicadas.
- El 7 corresponde a Bellas Artes.
- El 8 corresponde a Literatura.
- El 9 corresponde a Geografía e Historia.

Según la UNESCO (*Manifiesto de la UNESCO sobre bibliotecas escolares*, 1980), la biblioteca escolar debe responder a los siguientes objetivos:

- Asegurar el acceso de toda la comunidad educativa a una amplia gama de recursos y servicios.
- Habituar a toda la comunidad educativa a la utilización de las bibliotecas, con finalidades recreativas, informativas y de educación permanente.
- Dotar a la biblioteca en forma permanente de los recursos necesarios para su funcionamiento.
- Proporcionar un continuo apoyo al programa de enseñanza y aprendizaje e impulsar un cambio educativo.
- Dotar a los estudiantes de las capacidades básicas para obtener y usar en forma autónoma gran diversidad de recursos y servicios.

Uno de los fines principales de la biblioteca escolar es ayudar a los alumnos en sus estudios proporcionándoles el material para repasar y preparar sus clases y ampliar la instrucción recibida de sus maestros. Por este motivo la labor de la biblioteca consistirá en cooperar con ellos en la resolución de los problemas planteados en sus clases y para indicarles el modo de encontrar información más amplia sobre la materia en la que estén interesados.

En distintas ocasiones no será posible implementar la biblioteca propia de la institución, pero será un buen inicio utilizar las del sistema móvil, es decir, un autobús cargado de libros que recorre el país y permite a los pobladores de lugares remotos tener acceso a importantes obras de literatura y ciencia.

Para la utilización de la biblioteca en los diversos niveles educativos debemos tomar en consideración lo siguiente:

Educación Preescolar

- Experimentar que la biblioteca es un lugar mágico de encuentro con los libros y con el resto de la comunidad educativa.
- Establecer un primer contacto con su amigo el libro, en forma lúdica.
- Adquirir hábitos para el comportamiento que se debe mantener dentro de la biblioteca.

Educación Primaria

- Profundizar en la relación del niño con la biblioteca como lugar mágico que permite saciar su curiosidad.
- Despertar, crear y entender el gusto por la lectura.
- Desarrollar la imaginación y la creatividad.
- Aprender a buscar, organizar y aplicar la información disponible.

Educación Secundaria

- Ampliar su visión del mundo, abrir su mente a otras realidades y culturas con actitud de respeto.
- Encontrar en la biblioteca respuestas a los problemas que pueden plantearse.
- Incrementar el interés y el gusto por la literatura como expresión de la cultura.
- Despertar la necesidad de elaborar sus propias creaciones.

Concepciones de la lectura y comprensión lectora

Anteriormente se consideraba la lectura como el rescate del significado expresado exclusivamente en el texto, el lector quedaba en una posición receptiva, sin expectativas que intervinieran al leer, sin tener la posibilidad de llegar a más de un significado.

Ahora se reconoce a la lectura como un proceso integrado entre pensamiento y lenguaje. La comprensión es la reconstrucción y elaboración del significado del texto, a partir de los conocimientos y experiencias del lector. El proceso tiene características esenciales que pueden variar y producir a partir de un texto infinidad de interpretaciones por un mismo lector. Es decir, un texto provoca interpretaciones muy diferentes según el niño que lo enfrente y este mismo niño puede, más adelante, interpretarlo de manera completamente nueva.

Por lo tanto, es muy importante que el maestro tome en cuenta las siguientes consideraciones:

- Las interpretaciones de un mismo texto son diferentes, de acuerdo con la capacidad intelectual de cada niño: si se siente triste, enojado o contento, si habla con fluidez, la forma que tiene para comunicarse y la cantidad, variedad y profundidad de conocimientos a su alcance sobre la temática del texto.
- Cuando se conversa y restablecen intercambios de información y opiniones previas a la lectura, se potencia el aprovechamiento de los alumnos.
- Si el maestro da oportunidad para que se manifiesten los conocimientos previos de los niños, acerca del lenguaje y contenidos de los textos, podrá trabajar con más detalle las ideas que éstos plantean.

Con esto el maestro puede considerar a la lectura como el proceso en el que se efectúa la interacción entre el lector y textos variados, que le llevan a la comprensión de lo escrito y de tener la posibilidad de propiciar en los alumnos un uso eficiente y eficaz de los todos textos que se traten de manera individual o grupal.

Formar lectores no es cosa sencilla, requiere de un proceso lento que implica interés, ingenio, creatividad, tiempo, constancia y compromiso.

El compromiso implica que quien promueve la lectura, en este caso el maestro, no sólo debe considerar las características intelectuales del alumno, sino además tomar en cuenta las características de la comunidad: tradiciones, cultura, hábitos, uso de la lengua, creencias, problemas y otras manifestaciones que el maestro considere importantes; esto servirá para sensibilizar a los padres de familia y a la comunidad e involucrarlas en la formación de lectores, así como participar en la educación de los niños.

El maestro, por su parte, promueve la lectura o el taller de lectores, tomando en cuenta que:

- Propiciará libertad y autonomía para que el niño exprese emociones y sentimientos.
- Será un lugar de juego y de recreación.
- Permitirá crear un ámbito de respeto para el niño y amor e interés por lo que hace.
- Dará oportunidad de que los chascarrillos se aprecien y sean la base para la sugerencia de la lectura.

Para iniciar el taller es necesario no pensar en grande al principio. Hay que adecuarse a lo que uno tiene, poner en práctica las ideas que se nos ocurran y aprovechar lo que mejor funcione en nuestro grupo. Solicitar a los niños material de lectura. Aceptar ayuda de los padres y de la comunidad.

La evaluación de la comprensión lectora

En la evaluación de la comprensión lectora, el maestro realizará un análisis y la explicación del desempeño de cada alumno frente a los textos seleccionados para tal fin. También se observará su desempeño, el trabajo que se realiza en torno del texto, para obtener con esta base elementos suficientes para caracterizar su desarrollo lector.

Una situación de evaluación que se diseña con el propósito de conocer el estado inicial de conocimientos en el que se encuentra un alumno o un grupo, una evaluación diagnóstica o inicial, permite conocer el desarrollo lector, cuáles son las características de la lectura que realizan de determinados textos y cuáles son las dificultades a las que se enfrentan para construir significados.

La evaluación de la comprensión lectora debe caracterizarse por ser una tarea estimulante para los niños. Se ha comprobado que si los niños conocen la tarea por realizar en una situación de evaluación, su comprensión mejora, son capaces de orientar su actividad con base en tales objetivos. Los niños pueden comprobar su propia comprensión –metacomprensión– y avanzar por sí mismos en su desarrollo lector.

En el diseño de las situaciones de evaluación, el maestro considerará las características de los alumnos, de los textos, de las preguntas, así como el tiempo y la periodicidad con los que se realiza la evaluación.

También es importante considerar los momentos de la situación de evaluación, entre los que se mencionan los siguientes:

- Primer momento. Indagación del conocimiento previo de los alumnos.
- Segundo momento. Los alumnos leen los textos.
- Tercer momento. Los alumnos responden a las preguntas.
- Cuarto momento. Análisis e interpretación de las respuestas. Este momento proporciona al maestro elementos para reorientar su intervención pedagógica, en función del desarrollo lector de los alumnos.

Tomando en cuenta lo planteado aquí, es posible rescatar algunas sugerencias que se pueden llevar a cabo:

- Comprometernos en llevar a los niños a la biblioteca para que de este modo investiguen temas de su interés y después los compartan en clase.
- Dejar temas de investigación para que se forme este hábito, que se vuelvan curiosos y con ganas de saber más.
- Pedir ayuda a los padres de familia para que lleven a sus hijos a visitar bibliotecas, porque de esta manera estarían

apoyando las actividades que se realizan dentro de la institución educativa.

- Proporcionar a los alumnos el material más adecuado a sus necesidades e intereses para que sea de fácil comprensión y se conserve el interés por trabajar.

Los materiales deben abarcar todas las áreas curriculares, así como aquellas que reflejen los intereses de los alumnos. Este material no se limita sólo a los libros como único soporte de información, sino que también abarca periódicos, revistas, postales, fotografías, mapas, discos y cintas, globos terráqueos, películas, diapositivas, juegos, transparencias, discos compactos, video interactivo, etcétera.

También se debe tomar en consideración lo siguiente:

- Interesar a los padres en el proceso. Si los niños observan leer con gusto y avidez a los adultos, desearán imitar y compartir esa experiencia.
- Sugerir a los padres algunos libros para leer.
- Leer a los niños algo interesante en clase.
- Seleccionar textos que capten la atención de los niños, cercanos a sus intereses, gustos y necesidades.
- Escoger historias que se presten a ser escuchadas en partes; eso mantendrá al grupo interesado en varias sesiones.
- Escuchar la opinión de los niños sobre lo que están leyendo y permitir que lleven al salón aquellos textos que hayan atraído su atención.
- Tener siempre en mente que los niños disfrutan de la lectura. Con ello se habrá podido romper la resistencia que suelen tener al enfrentarse a textos que demanden mayor concentración y conocimientos previos.

La propuesta que hace Emilio Ángel Loma para promover la lectura es un buen final para mi artículo:

Receta infalible

Para una buena lectura se necesitan:
7 cucharadas de imaginación,
5 rebanadas de fantasía,
asombro y alegría en rodajitas,
bastantes aventuras en su tinta,
un par de buenos recuerdos,
juego y diversión al gusto.

Procedimiento:

Sírvase abundantemente en las páginas de un libro previamente aderezado de palabras mágicas, frases ingeniosas e historias interesantes; acompáñese de una buena ración de maestros entusiastas, comprometidos y deseosos de escribir las mejores enseñanzas en las valiosísimas páginas de esos libros que habitan el alma y la conciencia de cada uno de sus alumnos.

Buen provecho.

Últimas sugerencias

Concluyo el trabajo de la siguiente manera: todo maestro es ejemplo vivo para los alumnos y debemos hacer lo que predicamos; si nosotros no amamos los libros y no nos gusta investigar, nuestros niños no lo van a hacer. Si empleamos la lectura como una forma de sanción cuando los niños se portan mal, si no supervisamos el trabajo de lectura que hacen en casa, si no implementamos una biblioteca del salón o circulante, si sólo empleamos la lectura como medio de entretenimiento mientras hago alguna tarea administrativa, el niño asociará con la lectura una actitud de disgusto y cansancio. Es por esta razón que debemos inculcarles amor y respeto hacia los libros para que sientan que son nuestros amigos, que podemos consultarlos y encontrar lo que buscamos. Visitar las bibliotecas no debe ser una tarea agobiante, al contrario, debe motivarnos, porque tenemos la certeza de que vamos a encontrar algo emocionante e interesante.

En el Centro Cultural se celebraron las Jornadas de las Bibliotecas Escolares, en Madrid, España, dirigidas al personal docente local y de ahí se sacaron conclusiones sobre los siguientes aspectos:

- Respetar el espacio utilizado para las bibliotecas.
- Apertura en un horario amplio para la utilización de los alumnos y profesores.
- Nombrar a un encargado.
- Asignar un presupuesto anual.
- Planificar actividades para implicar a la comunidad educativa.
- Presentar a la biblioteca como un centro de información, investigación y ocio.
- Formar a los alumnos como usuarios.
- Llevar a cabo actividades de animación a la lectura.

De acuerdo con lo anterior, es recomendable llevar a los niños a la biblioteca desde los primeros años de educación básica; fomentar la consulta, realizar preguntas en las que el alumno utilice estrategias para poder contestarlas; hacer uso de los diversos materiales para vincular lo que estamos leyendo con la vida cotidiana y, de esta manera, sentir que los libros no están tan alejados de nuestras vidas. Con motivo del año de la lectura (1999-2000) se creó el proyecto experimental "Los niños y los libros", en el que se pretende que los niños desarrollen habilidades lectoras que permitan no sólo llenar mayores espacios de su tiempo libre sino mejorar su desempeño escolar en general y que de esta manera se alcance el propósito *Leer para ser mejores*.

Sobre el tema de la lectura en la escuela, estoy segura que se escribirá y se sugerirá aún más.

Fuentes Documentales

Agenda del maestro 1998.

Agenda del maestro 2001.

Argudín, Y. (Otoño 1999). *El libro como medio.* Didac, 34, 24.

Ayala, L. (1988). *Taller de Lectura y Redacción.* México, Porrúa.

Diccionario de las Ciencias de la Educación (1985). México, Diagonal Santillana.

Dubovoy S. (1989). *La casa de los libros.* México, Distrito Federal, Consejo Nacional para la Cultura y las Artes.

Gómez Palacio M., Villareal B., López Araiza M. L., González L., Adame G. (1995). *La lectura en la escuela.* México, Distrito Federal, Secretaría de Educación Pública.

Ramírez Zamora G., García Cárdenas L. (1994). *Textos literarios 6.* Distrito Federal (México), Santillana.

http://www.pntic.mec.es/recursos/biblioteca/index.htm

¡Vivillo desde chiquillo!

La función de la tarea y la corrupción

La corrupción no es natural al hombre, la corrupción se aprende durante el contacto social, lo peligroso es hacer de la corrupción algo natural al hombre.

Patricia Ganem Alarcón

Haciendo contacto con la tarea

En cierta ocasión visité a una compañera de trabajo para recoger algunos materiales que requeriríamos para realizar un proyecto, mi acercamiento a su casa no sólo se limitó a ese asunto laboral sino que aprovechamos para comentar algunos otros aspectos del trabajo. Estábamos en animada plática, cuando su hija menor le gritó solicitándole una liga nueva. Ante la petición, mi compañera contestó que no tenía nada y continuamos la plática. Pero su hija insistió pidiéndole la liga nueva y algún instrumento para medir; nuevamente la mamá le contestó que no tenía nada. Se da una tercera solicitud de la niña y, ya para esta vez, mi compañera preguntó a su hija para qué la quería. La niña se acercó a su madre y le mostró su libro de tarea, en el que le solicitaban que consiguiera una liga nueva y una regla.

En este momento la madre le reiteró a su hija que no tenía ninguno de esos materiales, pero le preguntó qué quería hacer con ellos. La niña le explicó que debía hacer un experimento en el que tenía que medir en una primera ocasión la liga nueva y anotar su longitud en un renglón que se presenta en el texto, luego darle cincuenta jalones a la liga, más o menos a la misma distancia, volver a medirla y anotar el resultado de su longitud; repetir el estiramiento otras cincuenta veces y anotar la nueva longitud y, por último, anotar en un espacio en blanco la respuesta a la pregunta, ¿qué crees que sucedió?

La madre observó detenidamente el experimento anotado en el libro de su hija y por toda respuesta, señalando con el dedo los espacios en blanco que debía rellenar la niña, dijo: "mira, anota 9 centímetros, 10 centímetros y 11 centímetros y aquí escribe que los cuerpos tienen elasticidad".

No pude menos que sorprenderme ante la actitud de mi compañera, pero después me pregunté internamente cuál sería la percepción de la niña y cuáles sus aprendizajes profundos, sobre todo respecto a la importancia de completar la tarea de manera autónoma, sobre la necesidad de realizar paso a paso el experimento para comprobar por ella misma los resultados que se iban dando –lo que promovería sin lugar a duda la formación de su pensamiento científico– y sobre todo el impacto que esa actitud tendría, lo que aprendería sobre el concepto de honestidad sería mucho más importante.

En otra ocasión, estando en casa de un familiar y después de terminar de recoger la cocina tras un rico almuerzo dominical, las mujeres nos sentamos a tomar un sabroso café, cuando una de las presentes sacó tímidamente un cuaderno de caligrafía y empezó a realizar algunos ejercicios. No pude evitar la tentación de hacer algún comentario al respecto, señalando que yo también tenía dificultades caligráficas, debido a que fui de la generación en la que nos obligaron a cambiar la letra ligada por la letra de molde –reforma del 75–. Mi comentario lo hacía mientras observaba los trazos de mi familiar. Cuando hice contacto visual con ella para atender a su comentario, noté que se apenaba un poco. Sin esperar respuesta adelanté un nuevo comentario, en el sentido de que no se apenara, que me parecía una muestra de tenacidad que, sabiendo que también tenía dificultades en ese sentido, se pusiera como reto mejorar su caligrafía. Volví a mirarla, ella siguió apenada y me dijo: "Ay, es que es la tarea de mi hijo". No supe qué contestar. En verdad me aturdí un poco y sólo sonreí forzadamente.

En esa ocasión mi reflexión se dirigió hacia el aprendizaje que este niño puede adquirir, en relación con la posibilidad de engañar. Es decir, vi la tarea como un medio de aprendizaje de la corrupción.

La intención de las tareas

Es un hecho que los ambientes escolares se caracterizan por diversas actividades ya instaladas en su estructura, por medio de las cuales los padres de familia y los alumnos las definen e incluso las clasifican como buenas o malas escuelas. Sin lugar a dudas las tareas escolares tienen una función importante en este sentido, haciendo que sólo por la percepción de los ojos, la gente externa realice un juicio para determinar la calidad de la institución. Cuántas veces hemos escuchado decir a propios y extraños que tal o cual escuela es de excelente calidad porque sus alumnos pasan interminables horas de la tarde haciendo tarea y los padres de familia utilizan este suceso como un elemento para decidir la inscripción de sus hijos. Existe también un comentario en el mismo sentido, incluso de los propios padres de familia, o es una exigencia de los directores de las instituciones, respecto de que si el docente no deja tareas es un mal profesor; entonces el maestro, para legitimar su labor educativa, agrega a sus actividades la tarea escolar.

Pero al alejarse de su verdadero objetivo, la tarea se convierte en un problema. En el primer caso –que los niños hagan mucha tarea– son los propios padres de familia y los alumnos los que se quejan de la situación y en el segundo caso –cuando los docentes no dejan tarea–, los padres y los niños no saben qué hacer en las tardes.

Los acontecimientos anteriores deberían llevarnos a cuestionar fuertemente la intención educativa de la tarea escolar, así como el valor de la participación de los padres de familia en ella y los tipos de tarea que un docente puede dejar a sus alumnos para apoyar los procesos de aprendizaje. Cada una de las tareas que los alumnos realizan debería estar vinculada a promover en ellos el desarrollo de su capacidad de trabajo autónomo; si este objetivo no se cumple, entonces es una razón para suponer que la tarea ha dejado de cumplir su función.

No es desconocida para nadie la problemática que existe alrededor de este tema y, sin embargo, no se ha dado una profunda reflexión de los actores educativos en relación con ella. Si ponemos atención en la enorme cantidad de tiempo que el profesor gasta en revisar las tareas escolares, advertiremos que ese tiempo pudiera destinarlo a mediar los procesos de aprendizaje de algunos alumnos que requieren más atención, pero las autoridades escolares y los padres de familia exigimos que las tareas estén revisadas, aunque sea solamente con una marca roja, ya sea una paloma, un sello de que cumplió con la tarea o una abreviatura de "rev". Eso deja a todo mundo satisfecho aunque, si nos ponemos meticulosos, no existe una verdadera revisión de la tarea: si son operaciones matemáticas, no está calificada cada una de ellas en forma independiente; si es una investigación, no se distingue la información que fue útil de la que ya se había dicho en clase; si es una plana de caligrafía, no hay un comentario sobre la calidad y las sugerencias que se dan al alumno para mejorar sus trazos; si es un análisis gramatical, no se revisa cada uno de los enunciados. Entonces, para qué engañarnos y engañar al alumno con esa revisión, que poco aporta a su crecimiento.

A esto se ha reducido la tarea escolar. ¿Servirá de algo recordar en dónde se gestan las tareas escolares para retomar su verdadero sentido?

El origen de las tareas escolares

El origen de las tareas escolares se remonta a pueblos europeos en la Edad Media, cuando se utilizaba esta actividad para la adquisición de conocimientos religiosos, cuando se asignaban actividades de copias y repeticiones para lograr la memorización y la fijación del conocimiento.

Si bien algunos aspectos del conocimiento pueden ser adquiridos por repetición y copiado, de la Edad Media hemos traído la intención de la tarea escolar, sin hacer una profunda reflexión sobre el nuevo sentido que requiere esta actividad.

Si revisamos los diversos conceptos que se han utilizado para definir qué es una tarea escolar, podemos advertir que cada uno de ellos tiene diversos elementos que denotan la importancia asociada a esta actividad. Por un lado se le ubica como una labor que debe desarrollar el educando en su hogar o en cualquier otro lugar (González, 1970), lo que nos avisa que la tarea no tendría que requerir de la intervención de los padres de familia o tutores, solamente el apoyo que el educando les requiera. En otro sentido, Jiménez y Coria (1967) nos advierten que la tarea debe ser todo trabajo que resulte de la necesidad, del sentido de los alumnos y de que el profesor sepa traducir en un trabajo para realizar en casa, con lo que la tarea debe ser una actividad motivadora para el alumno y que le genere la energía suficiente para mantener su interés en ella; Villarreal Canseco (1969) agrega que las tareas escolares deben ser para generar aprendizaje, lo que supone que la tarea debe ser una actividad que el alumno realice sin problemas, que no requiera una nueva explicación por parte del tutor ni que amplíe o refuerce lo aprendido en clase.

Lo anterior nos debería llevar a replantearnos la intención de las tareas escolares, que deben estar dirigidas a homologar el trabajo de los alumnos y a generar hábitos de autoformación; deben contribuir a que los educandos adquieran afición por el trabajo personal, a que los niños aprovechen su tiempo libre, a ampliar conocimientos y a que vigoricen los hábitos de honradez y perseverancia. A la luz de esto deberíamos juzgar si las tareas escolares que dejamos contribuyen a acrecentar estos conceptos en nuestros educandos.

Las tareas escolares en la dinámica actual

No puedo menos que mencionar en este momento de mi reflexión, tres elementos que también están asociados a las tareas modernas. Por un lado, su utilización como forma de castigo para los alumnos; por otro, incluir en los materiales escolares un cuaderno de firmas de los padres de familia o tutores para que así, certifiquen que sus hijos cumplen con las tareas y, por último, llevar un escrupuloso registro de ellas por parte del profesor. Si deseamos terminar con una de las zonas enfermas de la escuela, estas tres asociaciones deben evitarse. La tarea no puede estar relacionada con la idea de castigo porque esto elimina toda posibilidad de generar en el alumno una idea positiva del trabajo educativo y, por el contrario, el educando asociará la tarea escolar con una actitud negativa hacia el aprendizaje. Por otro lado, hacer que los padres de familia firmen para que se tome en cuenta el cumplimiento de las tareas escolares, es partir del supuesto de que los alumnos son irresponsables de entrada y que se desconfía de ellos, por lo que hay que generar una vigilancia cercana sobre estas actividades. Esto genera malestar en los alumnos y se acostumbran de tal modo a ello, que después algunos son incapaces de hacerse cargo de sus tareas escolares en forma autónoma, sin tener la vigilancia de una autoridad. Por último, señalar que las tareas escolares no deben constituir una carga pesada de evaluación para los docentes, porque deteriora el verdadero objetivo de las tareas en relación con el aprendizaje y la evaluación educativa. La tarea debe definirse como una actividad escolar para ayudar al alumno en su trabajo autónomo, por lo que si el alumno no hizo la tarea, no debería aplicarse por esto ni una sanción ni una baja calificación; si por el contrario cumplió con ella, tampoco se debería dar el reforzamiento del aumento de puntos. En el caso de ser utilizada como sanción, lo que provoca es que los alumnos busquen la manera de evitar el castigo, no la forma de cumplir con la tarea; y por otro lado ser utilizada como sistema de puntos para aumentar la calificación de ciertas asignaturas, hace que los alumnos le apuesten más a cumplir las tareas, que a apropiarse del conocimiento.

Como observamos, alrededor de las tareas escolares hay muchos aspectos que se deben reflexionar, esta actividad que puede estar ya muy instalada en la dinámica de las instituciones podría revisarse si está cumpliendo cabalmente su cometido y si no estará convirtiéndose en una parte enferma de la escuela.

La idea generalizada que los alumnos tienen respecto de las tareas escolares es que son labores aburridas, monótonas y extensas, por lo que debo recordar que las tareas deben:

- Ser moderadas y atractivas para que sean realizadas por los alumnos de manera total, lo que les proporcionará satisfacción y aprendizaje con respecto a la responsabilidad.
- Ser meditadas por el educando, de tal manera que ofrezcan una rutina clara a seguir para su realización y lo pongan en contacto con sus deficiencias y necesidades.
- Ser individuales, evitando masificar a todos los alumnos con la misma tarea y en la misma cantidad; cada alumno requiere dosis de trabajo diferentes, por lo que si queremos que la tarea contribuya a integrar la idea de justicia entre el grupo escolar, una forma es realizar tareas individuales que se adapten a las necesidades y requerimientos de cada alumno. En algunas ocasiones las tareas escolares deberán dejarse a quien sí las necesite y en otras, a aquellos alumnos que se comprometan a traer algún material o investigación para compartir con todo el grupo.
- Ser graduadas de acuerdo con la edad y el avance de los educandos. Si observamos incumplimientos constantes por los alumnos, esto es un aviso de que el trabajo en casa deberá dosificarse más, que deberán darse indicaciones más precisas o que deberá reducirse el trabajo para el hogar e irlo aumentando paulatinamente.
- Ser oportunas para las necesidades de avance del programa y el disfrute por parte de los alumnos. La tarea escolar debe ser un trabajo profundamente planeado por los profesores y no debe dejarse como una ocurrencia de última hora, puesto que ocasiona que la tarea se advierta como un trabajo improvisado y arbitrario por el profesor. El profesor puede pedir material que se requerirá o puede solicitar información que se vaya integrando hasta lograr un trabajo conjunto o puede, incluso, ir pidiendo paulatinamente partes de canciones o poemas que habrá que memorizar poco a poco y que vayan asociándose a

apartados del programa que hagan que el alumno perciba en la tarea un trabajo global e integrado.

- Deben favorecer la autonomía, no estar asociadas a obtener puntos y hacer que los alumnos paguen las consecuencias naturales del incumplimiento del maestro. Las tareas no deben ser parte del puntaje que evalúe el aprendizaje del alumno: son un aprendizaje en sí, son parte del proceso de aprender, no producto del aprendizaje.
- Ser comprensibles para los alumnos, que puedan ser realizadas en forma personal y que los hagan ponerse en contacto con su propio proceso de aprendizaje.
- Ser interesantes, que los pongan en contacto con situaciones prácticas, en las que apliquen los conocimientos revisados y tengan contacto también con las necesidades del propio educando.
- Ser de naturaleza variada, algunas manuales, otras académicas. Esto le permitirá al alumno percibir la tarea como algo interesante.

Últimas sugerencias

De lo anterior se desprende que las tareas escolares deben ser de diferente tipo: de investigación y adquisición de conocimiento, así como de adiestramiento, comprobación de enseñanza, aplicación de conocimientos y un recurso para afirmar la enseñanza.

Las tareas de investigación se usan para que los educandos por sí mismos realicen consultas que les sirvan para adquirir y ampliar sus conocimientos. Las tareas de adiestramiento sirven para que los educandos hagan ejercicios que les permitan fijar habilidades manuales o cognoscitivas a través de ciertas repeticiones y aplicaciones repetidas de cierta información. Las terceras –de comprobación– consisten en encomendar a los escolares trabajos que les permitan poner a prueba los conocimientos impartidos por el maestro. Uno de los tipos de tareas más valioso es el de aplicación del conocimiento, que tiene por objeto llevar a los alumnos a resolver pequeños problemas o situaciones de la vida escolar, familiar o personal, de acuerdo con los aprendizajes revisados, lo que les permite aplicar los conocimientos en situaciones concretas de la vida. Esto permite al alumno advertir su interrelación con el conocimiento. Por último, las tareas para afirmar conocimientos consisten en ofrecer las posibilidades necesarias, para que el alumno afirme en su mente las nociones adquiridas.

Si la tarea no contribuye a crear seres autónomos y a favorecer el aprendizaje de los educandos, entonces que desaparezca, porque está ayudando al aprendizaje de formas de corrupción.

Sugiero que la tarea no sea factor que favorezca que los alumnos se copien los resultados antes de iniciar el trabajo escolar, que la tarea no sea factor de venta de tareas que hacen unos pocos a otros que no las hacen, que la tarea no favorezca el engañar a los profesores cuando es realizada por los padres de familia o tutores, que no sean actividades repetitivas que los alumnos consigan con compañeros de grados superiores.

¡Que la corrupción no se aprenda a través de la tarea escolar!

Fuentes Documentales

Ballesteros y **Usano, A.** (1967). *Organización de la escuela primaria*. México, Patria.

Jiménez y **Coria** (1967). *Conocimiento del educando. Psicotécnia pedagógica y organización escolar*. México, Porrúa.

Langford, P. (1989). *El desarrollo del pensamiento conceptual en la escuela primaria*. España, Paidós.

Macías, J. M. (1992). *Conversación sobre la tarea escolar. Revista Mexicana de Pedagogía.*

Moreno, G. (1983). *Didáctica, fundamentación y práctica.* México, Progreso.

Prieto, P. F. (1999, febrero).

Las tareas escolares de los hijos o de los padres. AUPEC (Agencia Universitaria del Periodismo Científico). Disponible en correo electrónico: E-mail@mafalda.univalle.edu.co

Las tareas escolares, (1998). SEP-UNESCO

Claudia Romo Sabugal

¡No se duerma!

La clase: uf, qué aburrida

El principio de la educación es predicar con el ejemplo.

Turgot

Eran las 11:00 a.m., hacía mucho calor y mis compañeros y yo habíamos tenido clase de educación física; al regresar al salón, la maestra nos pidió que sacáramos nuestro libro de historia, así lo hicimos y comenzamos a leer. La maestra nombraba a la persona que seguiría la lectura oralmente y ésta debía ponerse de pie y continuar. Al llegar a la segunda página, los ojos se me cerraban y por más que intentaba quitarme el sueño, las letras parecían cambiarse de lugar; de pronto, dijo mi nombre y yo debía continuar la lectura. Sin saber cómo, pude hacerlo mecánicamente, pero no logré entender el contenido del texto y mucho menos recordarlo. No sé qué pasaba, pero todas las clases de Ciencias Sociales eran así, hasta que un día mi maestra pidió que reuniéramos cajas de desecho, papel, plastilina y todo aquello que ya no sirviera en nuestras casas y lo lleváramos al día siguiente.

Recuerdo que llevé algunas cajas de medicinas, papel de colores, estambre, pegamento, tijeras y algunas revistas. Fue muy grande mi sorpresa al ver que a la hora de la clase de Ciencias Sociales, en la que siempre sacábamos nuestro libro para leer, la maestra nos pidiera que moviéramos nuestros pupitres para colocar una mesa de gran tamaño en la parte trasera del salón, que sacáramos nuestro material de desecho y elaboráramos con él cosas que hay en la ciudad; algunos de mis compañeros construyeron árboles, carros, postes de luz y hasta un zoológico. Yo construí algunos edificios, casas y una fábrica, empleando conos de papel sanitario. En la medida en que íbamos terminando, colocábamos nuestras creaciones en la mesa ubicada atrás del salón y recuerdo que experimenté emoción al ver la ciudad, que con el esfuerzo y el trabajo de todos quedó terminada. Realmente aprendimos cómo es el medio urbano con mucha claridad, porque fue una gran muestra de lo que con creatividad y colaboración puede obtenerse.

Ahora que han pasado los años y que he optado por el camino de la docencia, estas experiencias me invitan a reflexionar en la forma en que eran impartidas mis clases comúnmente y cómo un cambio en ellas me llevó a aprender, de manera tan significativa, lo que llegó a motivar mi vocación y a inspirar mi práctica docente.

La sociedad en la que vivimos refleja la necesidad de una educación de calidad que nos permita enfrentar la vida con un desarrollo personal constante, una mejor calidad de vida y una convivencia armónica con los que nos rodean.

La trascendente misión educadora de la escuela nos invita a reflexionar en todo cuanto ocurre en esta institución, la forma en que interactúan directivos, maestros, alumnos y padres de familia, en el aprovechamiento de sus espacios e instalaciones y en el contexto socioeconómico y cultural en que la escuela se encuentra inmersa, especialmente en cada aula y durante el desarrollo de cada jornada escolar y, más aún, en cada clase. Muchas son las expectativas que los alumnos tienen en torno a la clase y al trabajo que su profesor realiza en ella, en ese espacio limitado llamado aula y en el que les corresponde cursar cierto grado académico con el fin de acreditarlo. Surge entonces esta pregunta: ¿cómo transcurre la clase en cada aula? Sería imposible explicar y describir el trabajo de cada clase, considerando que hay una gran cantidad de aulas, en un sinfín de escuelas de todos los niveles educativos. Lo que sí podemos hacer es analizar las prácticas escolares que muchos maestros en servicio realizamos y que no responden a las necesidades de nuestros alumnos, que no constituyen para ellos una experiencia significativa de aprendizaje, lo cual, en definitiva, hace que consideren nuestra clase aburrida y no les permita comprometerse con su propio proceso educativo. Con esta idea analizaré algunas situaciones, experiencias y reflexiones en torno de la clase, que nos ayuden a descubrir cuáles prácticas escolares debemos modificar por ser obsoletas e ineficaces y cuáles debemos implementar para enriquecer el trabajo, que como docentes realizamos en cada clase.

Un vistazo a la realidad

La sociedad ha depositado en la escuela la tarea de formar a las personas. Es indiscutible la responsabilidad que la escuela tiene frente al desarrollo social. La experiencia social de los alumnos en la escuela será buena o mala, dependiendo en gran medida del manejo que el maestro dé a su clase. Lo que los alumnos aprenden en la escuela influye en su vida personal y en la sociedad, para bien o para mal.

La educación impartida en la clase debería estar orientada a la formación de individuos capaces de generar conciencia para poder enfrentar los problemas personales y sociales, y no a fomentar el individualismo, la antidemocracia y la falta de respeto a la libertad creativa del hombre. Este último es el problema principal de la educación, al ser desplazada su esencia como elemento para desarrollar y cultivar las capacidades del ser humano y la sociedad, como lo señala Gorgonio Segovia (1983:260) en su artículo *El papel de la educación en los procesos de desarrollo económico*.

En la clase, el alumno debería vivir la democracia, descubrir la realidad de la que forma parte para que, tomando conciencia de los problemas que enfrenta la comunidad, busque formar parte de la solución a través de nuevas alternativas, no sólo desarrollando el intelecto, también descubriendo y desarrollando sus capacidades personales, idea que se consideraba fundamental en el Programa para la Modernización Educativa (PME):

"Se debe promover el paso de contenidos informativos que suscitan aprendizajes fundamentalmente memorísticos a aquellos que aseguren también la asimilación y recreación de valores, el dominio y uso, cada vez más preciso y adecuado tanto de los diversos lenguajes de la cultura contemporánea, como de métodos de pensamiento y acción que han de confluir en el aprendizaje. Esto significa que la apropiación de métodos debe ser el objetivo central de los programas educativos, en todos los grados."

Los métodos son componentes fundamentales del hecho educativo, dada su repercusión directa en el proceso de aprendizaje, por lo que el método usado por el profesor debe orientar en sus alumnos las competencias necesarias, con el fin de iniciar en ellos un proceso de educación permanente que siente las bases para el aprendizaje futuro.

El trabajo en clase debe enfocarse hacia la apropiación de métodos para desarrollar la atención, la inventiva y la transferencia, para que comprendiéndolos los use como herramienta de acción en su vida, es decir, que adquiera competencias para la vida.

Dime cómo das tu clase y te diré qué resultados esperar

Las prácticas escolares que viven los alumnos cotidianamente no permiten la construcción y elaboración del conocimiento ni el desarrollo de habilidades, pues el maestro tiende a dar a sus alumnos el conocimiento elaborado por él, el cual puede considerarse, como lo refiere Sylvia Schmelkes (1996), un "simulacro del aprendizaje"; el "pensar" o "razonar" reducido a la mecanización de fórmulas, ejercitaciones y estructuras abstractas, independientemente de su comprensión.

El alumno reproduce el conocimiento de su maestro. La realidad de las clases manifestada por alumnos de todos los niveles coincide en que difícilmente se logra un acercamiento con el maestro, quien se limita a repetir cotidianamente una rutina y a utilizar los mismos recursos: –su pizarrón y sus libros de texto– que orientan la realización de ejercicios para resolver y el trabajo en grupo o en equipo es casi nulo.

No debemos olvidar que el acto didáctico está integrado por el sujeto que enseña –docente–, el sujeto que aprende –alumno– los contenidos, un método, procedimiento o estrategia y el acto docente que se produce. El maestro es quien le da forma al trabajo didáctico. Los maestros cuentan con su propio estilo de enseñanza. Un estilo de enseñanza es el modo o la forma que adoptan las relaciones entre los elementos personales del proceso educativo y que se manifiestan a través de la presentación por el profesor de la materia o el aspecto de enseñanza. El estilo se configura con los rasgos del profesor, del equipo de docentes y del centro educativo donde labora. Según la actitud del profesor podemos identificar tres estilos docentes (Diccionario de las Ciencias de la Educación, 1999:530):

- El estilo directivo: el docente impone, protege, adoctrina.
- El estilo no directivo: en el que el maestro abandona, calla y no da importancia a lo ocurrido con los alumnos.
- El estilo permisivo: que estimula, da confianza, explica y da instrucciones.

En la docencia no hay estilos puros, en la mayoría de los casos el trabajo que realiza el maestro depende de ciertas combinaciones y de circunstancias específicas.

En la clase, el maestro combina su saber con los propósitos que ha de alcanzar con los contenidos y busca las estrategias más apropiadas; casi siempre recurre a las mismas: dictado de resúmenes, cuestionarios, copias, ejercicios del libro de texto y explicaciones orales, y pocas veces recurre al uso de materiales concretos, aun en las clases de profesores comprometidos con dar enseñanza de calidad, ya sea por falta de tiempo o porque a veces improvisa. En realidad, cuesta trabajo anticipar tanto los materiales como las estrategias que se habrán de utilizar y más todavía romper con la rutina; por eso es importante reflexionar en lo que Sylvia Schmelkes nos dice: "No hay ningún progreso cuando se sigue haciendo lo mismo todo el tiempo." (*Hacia una mejor calidad en nuestras escuelas*), como sucedió en el siguiente caso:

Había transcurrido la primera semana de clases y los alumnos se incorporaban a la organización de la escuela, se adaptaban a la rutina escolar, establecían normas de trabajo y de convivencia, al mismo tiempo que se adaptaban al sistema de trabajo propuesto por la maestra; una alumna, después de haber experimentado una forma de trabajo escolar diferente a la que conocía, se acercó a su maestra y le preguntó:

–¿Qué no vamos a hacer tarea?

La maestra respondió con otra pregunta:

–Para ti, ¿qué es la tarea?

–Planas y copias –contestó la alumna.

Se trataba de una niña que cursaba primer grado y eran sus primeros días en la escuela. Esta inquietud de la alumna expresa que su experiencia en la escuela se reducía a realizar planas y copias; ésas eran sus expectativas en relación con la clase que impartiría su maestra. Sin duda, la dinámica de "la clase" deja mucho qué desear. En este caso, como en otros, el tiempo de la clase se invierte en llamar la atención, castigar, atender quejas y reclamos de los alumnos y en dar sus temas con la finalidad de cubrir los contenidos de aprendizaje, en vez de constituirse como una experiencia enriquecedora de conocimientos, valores y habilidades que contribuyan a su desarrollo personal.

La clase se considera, en una escuela, como un grupo de alumnos en una misma aula y que trabajan con un mismo maestro.

La clase también se considera como "la lección impartida a los alumnos por el profesor". Con esta idea los aprendizajes memorísticos, con el fin de obtener una calificación, encuentran sentido; el maestro da enseñanza.

Titone (Diccionario de Ciencias de la Educación, 1999:530) define la enseñanza como el "acto en virtud del cual el docente pone de manifiesto los objetos de conocimiento al alumno para que éste los comprenda". Para un maestro, dar "la clase" debe significar la búsqueda de la calidad en la educación que imparte, cuidando que sea integral, coherente y eficaz; debe propiciar no sólo el aprendizaje de un contenido, sino la reelaboración y la configuración de estructuras cognitivas. Piaget nos dice que "el desarrollo intelectual constituye un proceso de adaptación que presenta dos aspectos: asimilación y acomodación". En el intercambio con el medio, el sujeto va construyendo no sólo sus conocimientos sino también sus estructuras intelectuales, las cuales no son producto de factores internos ni ambientales sino de la propia actividad del sujeto. Por eso es necesario que el maestro permita y propicie la actividad de cada uno de sus alumnos a través del trabajo en clase.

¿Cómo puede un maestro hacer que su clase sea agradable y provechosa para sus alumnos? Aunque no hay recetas para tal, un buen principio sería planear, como si él fuera a tomar la clase e impartirla como le gustaría que se la impartieran, organizando actividades convenientes para su desarrollo personal.

Todo cuanto sucede en la clase, por insignificante que parezca, forma parte de la experiencia educativa de cada alumno; por eso es necesario que el maestro esté al tanto de lo que ocurre en ella y actuar oportunamente, dialogar, conciliar y proponer alternativas para solucionar la problemática educativa de sus alumnos. A veces pueden presentarse casos, como el de un alumno que asistía a clases de regularización, porque cursaba el quinto grado y sus calificaciones eran muy bajas; en una de sus clases de regularización la maestra le pidió que leyera un texto. El niño se mostraba muy atento al contenido; pero cuando la maestra le pidió que expresara lo comprendido del texto, no lo hizo. Ante esa situación, la maestra le pidió leerlo en voz alta, el alumno parecía perderse en el texto y no iniciaba su lectura. La maestra lo observó y descubrió que el problema del alumno era que en realidad no sabía leer; entonces la maestra le señaló la primera letra del texto y le pidió que le dijera qué letra era. El niño, mirando hacia arriba y golpeándose la frente con el puño, decía: ¡aquí la tengo, aquí la tengo! La maestra confirmó su hipótesis, en verdad el niño había llegado a quinto sin saber leer ni escribir y ninguna persona se había dado cuenta de que necesitaba ayuda. ¿Cuántos maestros dan sus clases y nunca se enteran de lo que ocurre en ellas?

Sylvia Schmelkes (1997:163), en su libro *La calidad en la educación primaria*, refiere la importancia de las prácticas pedagógicas, realizadas por los profesores en su carácter de mediadores y representantes del conocimiento y que muchos profesores no están capacitados en prácticas efectivas de enseñanza, por lo que la participación activa del alumno en la clase es nula y el trabajo en equipo y en grupo casi no se realiza. "Las experiencias de aprendizaje son monótonas y consisten fundamentalmente en leer un texto, copiar en el cuaderno o realizar ejercicios dictados por el maestro o escritos en el pizarrón. Los maestros no dan importancia a los procesos de razonamiento, solución de problemas y la aplicación del conocimiento a la vida cotidiana." Actualmente el maestro recurre a las fotocopias y a los acetatos, que muchas veces son transcripción de diversos libros de apoyo.

Según Sylvia Schmelkes (1996:11), "la función de la educación es crear seres humanos de calidad" (*Hacia una mejor calidad de nuestras escuelas,* SEP). Los maestros no debemos perder de vista esta meta para que, analizando el ambiente y la educación que se propicia en clase, aporte elementos que contribuyan a mejorar la calidad de los seres humanos que transitan por nuestras aulas.

Esfuerzos por cambiar

Muchas propuestas de psicólogos, pedagogos y personas comprometidas con la educación han sido consideradas en la reforma educativa; se modifican los planes, programas de estudio, los libros de texto y se dan alternativas para abordarlos con mejores resultados. ¿Por qué ante este cambio los resultados siguen siendo desalentadores? Seguramente cada profesor deberá poner de su parte para que mejore la educación que imparte en su clase.

El maestro y el alumno deben interactuar en el aula durante el desarrollo de la clase; por lo tanto, el maestro debe dejar su escritorio y bajar de la tarima, modificar el tradicional acomodo de los pupitres en filas y propiciar otra dinámica grupal que permita tanto a alumnos como a maestro aprender y experimentar otras formas de comunicación. Muchos maestros, cuando se les sugiere el trabajo en equipo como una alternativa en el aula, expresan que no es posible aplicarlo porque los alumnos no saben trabajar en equipo y hacen mucho desorden. Los alumnos aprenderán a trabajar en equipo cuando les demos la oportunidad de hacerlo, y nosotros como docentes aprendamos nuevas estrategias de dominio emocional para controlar nuestra ansiedad y angustia ante el ruido y el movimiento de los alumnos, propios de un ejercicio en equipo. Así como "los patos aprenden a nadar nadando", los alumnos aprenderán a pensar pensando, a escribir escribiendo, a respetar respetando y así sucesivamente con todos los conocimientos, habilidades y actitudes que los alumnos deban aprender, no solamente con la exposición oral del maestro.

El maestro debe aprovechar su clase para despertar en el alumno el deseo de aprender, de ser mejor y de exigirse más a sí mismo con el ejemplo que le da en cada momento. En la clase se deben vivir la justicia, la democracia y la libertad en la misma medida, tanto para el maestro como para el alumno: si el alumno no debe comer en clase, el maestro tampoco; si el alumno debe tener sus útiles en orden, el maestro también; de igual manera que si el alumno debe llegar temprano, el maestro debe poner el ejemplo de puntualidad.

Es necesario que el maestro cambie el concepto de práctica escolar, integrando al trabajo en el aula, hábitos y técnicas de estudio encaminadas a la autonomía. Otra de sus tareas es atender las necesidades básicas de aprendizaje de sus alumnos, como son "comprender la lengua escrita y expresarse por escrito, razonar, resolver problemas, analizar, evaluar opciones y allegarse a la información", según Sylvia Schmelkes (1997:26).

El maestro debe considerar la participación del alumno en su propio proceso de aprendizaje, pues el alumno puede diseñar actividades y ejercicios y proponer estrategias para el desarrollo de la clase. Tal vez se requiera de tiempo y esfuerzo para conseguir trabajar en equipo, pero descubrí y experimenté que los alumnos, incluso los menores, son capaces de proponer actividades cuando el maestro las ha realizado con ellos y les da la oportunidad de elaborar sopas de letras, crucigramas, juegos, rompecabezas, preguntas, escenificaciones, guiones de teatro, debates, mesas redondas, carteles, etcétera, en el manejo de los contenidos, con la ventaja de que sus alumnos no se aburrirán, se sentirán más interesados en saber más y se involucrarán en su proceso de aprendizaje. Es importante señalar que aceptar a los alumnos y no quererer exigirles a todos lo mismo es comprender que los seres humanos somos diferentes en nuestras capacidades, por lo que debemos descubrir lo mejor de cada uno y ayudarlos a perfeccionarse. Cuando el maestro propicia análisis, investigación, búsqueda de soluciones y desarrollo de habilidades intelectuales, contribuye a que sus alumnos adquieran herramientas para enfrentarse a la vida, influye en actitudes de cuidado de su entorno y de su persona, favorece el desarrollo de su autoestima y los motiva a superarse en el "ser, hacer y tener".

Una clase en la que se trabaje con buen humor y se aprovechen las oportunidades para conocerse e interactuar, contribuirá a que los alumnos se hagan más humanos; la clave radica en tomar acuerdos en conjuntos para un mejor ambiente.

La clase es el espacio donde el maestro y el alumno comparten el conocimiento y propician el aprendizaje. Por eso es necesario asumir el compromiso con la superación propia y reconocer deficiencias con que diariamente dirigimos nuestra clase, para poder cambiar nuestras prácticas cotidianas por el bien de nuestros alumnos, de la sociedad y por nuestra dignidad de maestros.

Fuentes Documentales

Torres, Rosa María. *Qué y cómo aprender. Enfoque de necesidades básicas de aprendizaje*. México, SEP, 1998.

Schmelkes, Sylvia. *La calidad en la educación primaria*. México, SEP-Fondo de Cultura Económica, 1997.

Segovia, Gorgonio. *Momento Pedagógico*. 22. México, UPN,

Publicaciones Diagonal Santillana. *Diccionario de las ciencias de la educación*. México, 1983. pp. 260.

Schmelkes, Sylvia. *Hacia una mejor calidad de nuestras escuelas*. México, SEP, 1996.

Gabriela Campero Malo

Ad astra, ¿Ad infinitum?

Hasta los astros, ¿hasta el infinito? Algo qué decir sobre límites

> *Vi que la invaluable felicidad de la libertad consistía no en hacer lo que uno quiere bajo las circunstancias que nos invitan sino en el ser capaz sin restricciones, de llevar a cabo lo que es correcto y apropiado.*
>
> **Goethe**

La disciplina en un ambiente de trabajo escolar

Éste es, sin duda, uno de los puntos más sensibles de la educación. Uso la palabra sensible para indicar que si este punto es tocado, cada uno de nosotros, considerando nuestra experiencia, argumentaríamos nuestros propios principios sobre el tema, lo cual desataría de momento una polémica grande y arrebatada sin lugar a dudas.

He aquí que el docente se enfrenta con una serie de conflictos y su respuesta para resolverlos; la manera en que decide solucionarlos puede ser la clave para comentar, cuantificar, valorar e incluso juzgar todo su trabajo, dejando a un lado un sinnúmero de aspectos, como uso de materiales, técnicas de enseñanza, preparación profesional y, sobre todo, años, horas y minutos dedicados a la docencia.

Como adulto, ya sea como docentes o padres, somos duramente criticados por la manera en que manejamos la disciplina. Si somos rígidos e inflexibles en las reglas que ponemos, nos tachan de amargados, insensibles y sin corazón; si por el contrario mantenemos una disciplina poco firme, somos ordinariamente llamados *barco*, se dice que los alumnos hacen con o de nosotros "lo que quieren".

Lo más curioso del asunto es que esta crítica proviene justamente de los adultos, quienes de una u otra manera están comprometidos con la educación de esos *pequeños individuos,* que son el centro receptor de toda esta información que van haciendo suya, para que el día de mañana sean ellos quienes se encarguen de seguir con esta cadena de información durante muchas décadas más.

Yo soy guía Montessori. A lo largo de mi experiencia –trece años– he podido observar y aprender de mis alumnos que, cuando les comunicamos las reglas de una manera *clara y precisa*, nos evitamos muchos dolores de cabeza.

Cuando leí por vez primera *El niño: el secreto de la infancia,* de la doctora María Montessori (1990), encontré que hablaba de límites y no alcancé a comprender en totalmente lo que implican las frases que dicen: "para cada límite hay una consecuencia" y que "las consecuencias son nacidas del amor".

María Montessori (1990) se dio más tiempo para observar y comprender a fondo que la *claridad* y la *transparencia* con que nosotros hablamos a los niños nos dará la respuesta deseada. *El niño debe saber qué se espera de él.*

Quisiera recalcar que no he mencionado la palabra rígida, porque una disciplina que no es equilibrada y no tiene excepciones, de acuerdo con el contexto en el que nos encontramos, no puede ser otra cosa que un sometimiento. También sé que pedagógicamente esto podría ser válido en algún momento, pero entiendo que no es la esencia de lo que nosotros, como seres humanos, buscamos al guiar a un *pequeño ser* que comenzó su vida dentro de un ambiente Montessori o dentro de cualquier aula.

Por tal razón, debieran existir tres tipos de reglas que nos permitan como docentes tener una evaluación más clara de cada acontecimiento y nos auxilien al dar una consecuencia justa y adecuada para cada caso.

Reglas

- Roja: tiene que ver con la salud física o mental del individuo.
- Verde: son aquellas que pueden cambiar, según las características del individuo o las circunstancias específicas del caso sin crear ningún conflicto.
- Amarilla: son aquellos acontecimientos que nos crean un conflicto menor al suceder con cierta frecuencia y que tarde o temprano nos harán perder el control.

A continuación expongo un ejemplo de la utilización o identificación de estas reglas, para clarificar la idea o contexto del que hablo. Cabe señalar que los ejemplos que cito se han vivido con niños que van desde los tres hasta los doce años de edad y que los resultados han sido similares.

En todos los casos, la respuesta ha sido satisfactoria y se ha obtenido del niño la aceptación de un error o falta cometida y su rectificación.

En un salón de clases –donde se encuentran trabajando alrededor de treinta niños– , a uno se le ocurre que puede jugar con una herramienta filosa –tijeras, punzón, cuchillo– dentro del salón, amenazando a sus compañeros. La respuesta del adulto es generalmente colérica y por eso le otorga al niño inmediatamente la pena máxima, sin siquiera darle la oportunidad para reflexionar en lo que está haciendo y lo que puede ocurrir.

El niño corresponde mostrándose mucho más agresivo y demostrando que se ufana por lo ocurrido; ¿qué pasa si nuestra respuesta como autoridad es más meditada, más consciente y antes de imponer la consecuencia llevamos al individuo a la conciencia de lo que sucedería si alguien resultara lastimado?

Posteriormente aplicamos la consecuencia; en este caso podría incluso suspenderse al niño por un día, prohibirle el uso de esas herramientas –puesto que él demostró que no conoce su utilización adecuada– o incluso una consecuencia en coordinación con los padres.

En este ejemplo, la acción atenta contra la salud física y mental de los individuos implicados y por lo tanto se convierte en una regla roja quebrantada.

Otro ejemplo podría ser cuando un individuo pretende manipular la situación, de acuerdo con su conveniencia; es decir, el típico caso de "él empezó".

Cuando una disputa se desata en el salón de clases porque alguien comenzó y el otro lo siguió, ambos individuos deben ser "corregidos", pues aquí están acercándose a lo que puede convertirse en un conflicto permanente, en el que el único factor mediador es el tipo de consecuencia que se use al solucionarlo. De esto dependerá que las riñas sigan interminablemente en el salón de clase o terminen definitivamente.

Un buen recurso para resolver estos casos es encargar trabajos especiales para los cuales los alumnos laborarán en equipo. Si a este trabajo le sumamos alguna actividad que se tenga que llevar a cabo con alguna destreza o habilidad que sobresalga individualmente en cada uno de ellos, para que de esta manera tengan que *depender* uno del otro, fructificarán grandemente los resultados.

Lo que a continuación se cita es una muestra clara de regla amarilla.

En una ocasión uno de mis alumnos quería realizar una exposición para presentarla frente a toda la escuela; organizó un equipo de *pequeños investigadores,* que comenzó a trabajar dentro del salón sin descanso. Iban y venían de un lado a otro, apilando libros sobre la mesa. Esto sin duda era un trabajo que podía convertirse en algo muy hermoso; sin embargo, despertó el interés de los otros niños, quienes optaron por hacer algo similar y fue entonces cuando comenzaron a desatarse pequeñas disputas por los libros que necesitaban para realizar el trabajo, los espacios que iban a ocupar, etcétera. En ese momento detuve el trabajo e hice una pequeña sesión de grupo, en la que entre *todos* reglamentamos tiempos, lugar y estrategias claras a seguir para efectuar un trabajo de esta naturaleza. Poco a poco los niños fueron organizándose sobre estas bases y el trabajo final resultó satisfactorio para todos.

Lo anterior es un acontecimiento que puede tomarse como algo simple e irrelevante, sin embargo, el docente tiene la obligación de intervenir antes de que se desate un conflicto.

Las reglas verdes son aquellas que se rompen porque algún niño desea ayudar a otro sin que sean el momento ni el lugar adecuados; esto sucede con regular frecuencia, por ejemplo, cuando algún niño o niños desean decirle a otro lo que dictó la maestra o la respuesta de alguna pregunta.

En mi opinión, esto es algo básico que debiéramos respetar, pues como docentes no debemos inhibir en los alumnos el deseo de *ayudar* y *cooperar*; de hecho, a veces los sancionamos y ocasionamos que se coarte este espíritu de compañerismo en los niños.

Proyecto autodisciplina-no violencia

Esto me lleva a recordar un artículo que leí acerca de un proyecto escolar efectuado en Argentina, Chile, Venezuela, Perú e incluso México; su nombre es *Proyecto de autodisciplina-no violencia* y fue realizado por Lila Estela Lahitte.

El proyecto se basa en un modelo de convivencia, basado a su vez en la razón dialógica y en la mediación, que propone ver los problemas de disciplina como problemas de comunicación; nos advierte la importancia de la evaluación y sus objetivos son estimular el alcance de la moral autónoma y construir un modelo de convivencia que cultive competencias sociales transferibles a los marcos comunitarios de su pertenencia para así poder trascender más allá del marco escolar.

Para efectuar este proyecto se requiere de prevención e intervención por parte del equipo pedagógico, como algo cotidiano, así como estimular la participación de la comunidad educativa para lograr un sentido de pertenencia en ellos. Esto se lleva a cabo organizando *consejos de aula* en los que se construyan las normas de la escuela. Para este fin deben existir espacios para la reflexión sobre valores, que puedan al final fortalecer los vínculos entre docentes y alumnos.

También se valen de otras técnicas o estrategias de intervención, como *refuerzos positivos* en forma pública, privada, oral o escrita; *cortar círculos negativos,* dando respuestas diferentes a las que el otro espera para llegar a una negociación; *aprendizaje vicario* por medio de canciones, literatura o incluso mensajes murales, etcétera.

Cuando en un salón hay algún niño que está *perdido* dentro del ambiente de trabajo sin poder concentrarse y hace como si trabajara sólo cuando lo vemos, pero que al darnos la vuelta empieza a divagar o jugar dentro del salón, la técnica de *tiempo fuera* es algo muy recomendable; es decir, se le indica al niño un lugar en el que debe permanecer sentado durante cierta cantidad de minutos como años tenga sin poder hacer nada, para posteriormente realizar lo que no ha hecho en el tiempo anterior.

Ésta es otra alternativa real y efectiva, porque el niño, si pudiera expresarlo, diría "ayúdame, no puedo detenerme".

Para María Montessori (1990b), los límites y las consecuencias van íntimamente ligadas. No podemos pedir a un niño, sin importar su edad, que deje de ir a su clase favorita por no haber comido o que deje de ver algún programa de televisión por no bañarse; a esto ella le llama *castigo*. Si lo analizamos un momento, es algo lógico y razonable; cuántos de nosotros como adultos, conocedores de las reglas, cometemos una serie de infracciones cuya consecuencia debería hacernos más *sensibles* y *considerados* cuando un pequeño comete los mismos errores.

Cuando estos pequeños *rompen* un límite están probando las fronteras hasta donde se les limite llegar; la clave de todo resultado es la perseverancia con que nosotros como adultos trabajemos en eso.

Cuando una regla no se cumple se da una consecuencia; para aplicarla siempre debe tomarse en cuenta la personalidad, la edad y la madurez del niño. No debemos confundir *consecuencia* con *castigo*. Al definir castigo como una agresión física que incluye un golpe o la suspensión de alguna necesidad física –ir al baño, comer–, también podríamos incluir las que sean una agresión psicológica –burlas, abuso de autoridad–, que son las más usadas incluso por los que decimos saber de educación.

En el momento en que pude advertir esto, entendí entonces que *las consecuencias deben ser nacidas del amor.* ¿Quién como docente no ama a sus alumnos? ¿Quiénes de nosotros no amamos a nuestros niños?

Ésta no es una profesión fácil; demanda esfuerzo, mucho trabajo, tiempo, compromiso, honestidad; requiere saber relacionarse, preparación continua y sobre todo *amor*. Las consecuencias *únicamente* tienen la función de *recordarle* al niño cuál es el camino hacia donde se dirige.

Las consecuencias en niños menores deben ser *inmediatas, claras* y *objetivas,* el niño *debe* saber por qué se le aplica tal consecuencia, debe tener opción; es decir, debemos dialogar con él, pero ésta *siempre se debe cumplir*.

Con los niños más grandes, e incluso con los adolescentes, las consecuencias pueden surgir *después*, pero debemos tener *ya establecidas* aquellas reglas que sabemos que se infringen con facilidad, para que no sean motivo de conflicto y quede siempre claro que *se reprueba la acción, no a la persona*.

Dentro de un salón de clases, las reglas deben ser claras desde el principio y establecer que son para *orientar.* Cuando se maneja un grupo numeroso de niños y las reglas no son claras y precisas, se propicia un descontrol general.

Uno de los mayores conflictos que tenemos como adultos es que reaccionamos de acuerdo con nuestro estado de ánimo y no según las reglas claras y precisas ya establecidas. Es muy importante que tengamos una mente dirigida con la verdad y un corazón dirigido por el amor, para que así mantengamos *objetividad* y *equilibrio* en las decisiones que tomemos al imponer una consecuencia y no dejar llevarnos por emociones negativas.

Principios de la disciplina

Por último, me gustaría presentar los dos grandes grupos de disciplina escolar: tradicionales y actuales, tomando como modelo el cuadro comparativo del profesor Martínez (2001):

Principios Tradicionales de la Disciplina Escolar	***Principios Actuales de la Disciplina Escolar***
1. Mantener el orden.	1. Incitar el interés y trabajo agradables.
2. No violar las reglas impuestas.	2. Colaborar en la creación de normas.
3. Obedecer a la autoridad.	3. Respetar con fundamento en la comprensión.
4. Reconocer la disciplina con el adiestramiento.	4. Traslación de la disciplina en programas adecuados a las capacidades.
5. Resistir y autonegarse.	5. Cooperar con espontaneidad y autonomía.
6. Incitar temor en los estudiantes.	6. Motivar amor al trabajo y al diálogo.

Como podemos observar, en el cuadro hablamos de dos posturas sumamente opuestas. Según los principios tradicionales, el docente es una figura magnánima que debe ser seguida y copiada a la perfección. En contraposición, para los principios actuales el docente forma parte *interactiva* de las actividades y personas propias de un salón y cubre así el interés y las necesidades reales día con día.

Ésta es mi filosofía *ahora* después de haberla leído un sinnúmero de veces, de haber escuchado pláticas, de que los niños lo gritan y, sobre todo, después de haber compartido multitud de experiencias en la docencia con mis compañeras.

Este conjunto de hechos me ha llevado a comprender que para cada acto hay una consecuencia y que nosotros, como docentes, poco a poco, dispuestos a aprender y aceptando que cometemos errores, vamos ganando el respeto verdadero de nuestros alumnos porque, al fin, l*as consecuencias nacen del amor*.

Fuentes Documentales

Montessori, M. (1990). *La mente absorbente del niño.* México, Diana.

Montessori, M. (1990). *El secreto de la infancia.* México. Diana.

Martínez, C. (Marzo 2001). *La disciplina en el aula.* Revista Novedades Educativas, año 13. No. 123, 9-27.

El burro tocó la flauta

Pero .... ¿qué no piensas?

No permitas que tu trabajo se convierta en rutina: innova, crea, desarrolla mejores formas de ejecutarlo, sólo así te será grato realizarlo.

Vianey Érika Orozco Sandoval

Juanito es un niño de 8 años de edad, le gusta ir a la escuela porque es el único lugar donde tiene amiguitos y donde puede jugar alegremente, aunque sólo sea por el breve espacio de tiempo –media hora– del recreo. Como todos los niños de su edad, se dirige muy temprano a la escuela –que está muy cerca de su casa– de la mano de su mamá, escuchando todas las recomendaciones que debe seguir al pie de la letra, si es que quiere hacerse acreedor a un gran premio a la hora de la salida.

Al entrar al salón, como todo niño educado, saluda a su maestra. A Juanito le llama la atención que ella trae hoy un vestido nuevo, además de que llegó de muy buen humor. Eso quiere decir que el día será calmado y no habrá gritos, castigos ni regaños y, sobre todo, al parecer hoy tendrán un recreo completo; como la maestra está de buen humor, no se tendrán que quedar castigados 10 ó 15 minutos. Eso a Juanito lo pone muy contento.

–Buenos días, niños –saluda la maestra.

–Bue-nos díaas, ma-es-tra Lu-pi-ta –canta el grupo a coro.

–Tomen asiento y, en silencio, saquen su libro de Historia. Hoy vamos a aprender algo sobre el día de la Independencia de México. A ver Juanito, empieza a leer –dice la maestra.

Juanito inicia la lectura del tema, pero es interrumpido constantemente por la maestra.

–¡No te comas las comas! ¿Qué no ves el punto? ¡Lee más rápido! Pareces niño de primero, ¡mejor siéntate! Continúa leyendo, Sandra –dijo la maestra.

–Afortunadamente, el martirio de Juanito terminó rápido; una vez que leyó, estaba seguro de que no le tocaría otra vez. Al terminar, la maestra preguntó:

–¿Quedó entendida la lectura?

Los niños respondieron nuevamente en coro:

–Sí, ma-es-tra Lu-pi-ta.

–Bueno, antes de subrayar las ideas más importantes del libro para hacer un resumen, en orden y levantando la mano, díganme sus dudas –dijo la maestra.

Durante un momento nadie se atrevía a preguntar, pero ante la insistencia de la maestra decidieron hacer preguntas, como por ejemplo:

–Maestra, ¿fue el 15 o el 16 de septiembre el grito de Dolores? –preguntó Héctor.

A lo que la maestra contestó:

–Fue en la madrugada del 15, Héctor. Otra duda...

Yo no entendí muy bien. –dice Óscar– ¿Qué hacía doña Josefa en todo este relajo?, ¿no se supone que debería estar en su casa cuidando a sus hijos?

A esta pregunta, la maestra dijo:

–Óscar, a ver si *piensas* y haces preguntas interesantes.

–Maestra, ¿doña Josefa tenía hijos? –pregunta Mariana.

La maestra decide no escuchar esta pregunta, sin embargo, agrega un comentario.

–A ver niños, *piensen bien* en alguna pregunta o duda que tengan, no me gusta que me cuestionen tonterías. ¿Alguna duda más?

De repente, al final de la fila de los inteligentes, Juanito levanta la mano y pregunta:

–Maestra, el Padre de la Patria era una persona muy inteligente porque sabía mucho de historia, ¿verdad?

–Sí Juanito; es muy interesante lo que dices. A ver si así tus compañeros participan sin decir *tonterías* –responde la maestra.

Juanito insiste:

–Maestra, entonces si el cura Hidalgo conocía la leyenda de nuestros antepasados, ¿por qué para dar el grito de Dolores no tomó como estandarte al águila devorando a la serpiente, en lugar de la virgen de Guadalupe?

La maestra se sorprende y dice:

–Juanito, te estoy poniendo como ejemplo porque empezaste con elementos muy importantes y mira con qué pregunta tan fuera de lugar me sales. Además, ¿de dónde sacas semejante pregunta, si en tu libro de cuarto de Historia no dice nada de eso? Cuando estés en secundaria, seguramente te enseñarán cosas más avanzadas. Esta pregunta no va con tu edad. Bueno, como no quieren *pensar* para hacer preguntas inteligentes, saquen su cuaderno y anoten con rojo como título, La Independencia de México...

Afortunadamente, al terminar el inmenso resumen de la maestra, sonó la campana que indicaba la hora de jugar.

Al terminar el recreo, la maestra realizó el ejercicio de Matemáticas que Juan tanto había estado esperando durante toda la mañana.

La maestra les dice:

–Niños, tienen nada más veinte minutos para realizar el ejercicio y ya saben cuáles son las reglas: quien hable, vea a su compañero o pida goma, me entrega su examen y automáticamente tiene cero.

Se precipita un gran silencio. Todos los niños se disponen a realizar lo mejor posible el ejercicio, hasta que Juanito rompe el silencio, diciendo.

–Maestra Lupita, tengo una duda, ¿me puedo parar para decirle?

–Sí, Juan, ven a mi escritorio –le responde ella.

–Maestra, a este problema no le entiendo. Dice la pregunta: ¿cuántos metros de tela le quedaron a la mamá de Pepito? Maestra, ¿se hace una división?

–No, Juanito, *piensa bien*. ¿Cómo dice el problema? –pregunta la maestra.

–Juanito vuelve a leer la pregunta: ¿Cuántos metros de tela le quedaron a la mamá de Pepito?

Y emocionado dice:

Ya sé, es una suma. Al escuchar esto, la maestra golpea su escritorio y le grita: ¿Qué no piensas? No me adivines ni me preguntes, *¡piensa bien!*

Juanito se queda espantado por un momento, pero *piensa*: si no es una suma y tampoco una división, entonces es una resta, son las operaciones que la maestra nos ha enseñado. Con punto decimal.

Mira a la maestra a los ojos y le dice:

–Perdón, maestra, ya le entendí al problema. Es una resta.

La maestra le dice:

–¡Pues claro! No sé qué te pasa hoy que tienes una flojera de *pensar* increíble.

Juanito pasa a su lugar para terminar el examen, afortunadamente la maestra le dio la respuesta de todos los problemas. Estaba completamente seguro de que obtendría un 10 y por lo tanto un gran premio.

Al finalizar los veinte minutos, la maestra les pide que entreguen el examen para calificarlos y les dice:

–A ver niños, van a realizar por favor quince divisiones con punto decimal con comprobación y cinco restas, también con punto decimal. Niño que no termine se quedará diez minutos más a la hora de la salida.

Mientras tanto, Juanito piensa por un momento.

La palabra *pensar* es muy divertida pero muy riesgosa, se trata de hacer únicamente preguntas que se encuentren en el libro, pero... Si están en el libro, ¿para qué pregunto? *Pensar* quiere decir *adivinar*. Tienes que ser muy inteligente para que la maestra te diga la respuesta, es suma, resta o división, lo único que tienes que hacer es aguantarte el regaño o grito para que te digan la respuesta; *pensar* quiere decir no hacer preguntas tontas. Aquí el único problema es: ¿las preguntas tontas son tontas para mí o tontas para la maestra? Entonces, voy a tener que encontrar la manera de *adivinar* qué es lo que quiere que le pregunte.

Además, todos los adultos siempre se enojan, gritan y golpean algo diciendo, *¿qué no piensas?* Pero... ¿qué es eso? A mí, *¿quién me ha enseñado a pensar?*

Pues bueno, ahora que Juanito ha llegado a tal reflexión, explicaremos qué quiere decir semejante palabra que a él le causa tanta confusión y regaños, además de que le diremos cómo puede hacerlo sin preocupación. No hay por qué tener miedo al tratar de pensar en alguna situación que se le presente.

Sin duda, una de las enfermedades de las instituciones escolares es precisamente el *que nadie nos ha enseñado a pensar* ni *cómo pensar.* Y una de las grandes causas por las que ataca este mal es porque se cree que sólo existe la verdad que se encuentra en los libros o en la palabra de los maestros; el uso excesivo de cuestionarios, copias y resúmenes realizados desde la lógica del maestro, de lo que cree que el niño debe saber o memorizar es lo que ya ha causado tanto mal entre los muchachitos, por lo que a continuación echaremos un vistazo hacia la educación tradicional.

Panorama de la educación tradicional

La educación tradicional se fundamenta en la escuela filosófica y teológica de la Edad Media, que viene del siglo IX, y que proclamaba las ideas de Platón, Sócrates y Aristóteles. El método se desarrollaba a través de:

- La exposición, con la que el maestro prepara y dirige todo el material que deberá ser aprendido por el alumno, de acuerdo con su edad y posibilidades, para evitar pérdida del tiempo, distracción y confusión.
- El autoritarismo, que establece que el maestro es el modelo y guía al que se debe imitar y sobre todo obedecer de inmediato en cuanto a las exigencias que se le ocurran, así como aprender a cumplir la voluntad de las personas mayores.

En este método, la educación significa la separación entre el alumno y su realidad, porque anteriormente la enseñanza se impartía en colegios de internado, en los que se le creaba al alumno un mundo ficticio, alejado de todo contexto social, por lo que la vida fuera del tal institución estaba considerada peligrosa y llena de tentaciones; es decir, era la vida de un mundo malo. El internado, en suma, se encargaba de aislar al alumno de la vida exterior.

La exigencia de la escuela imponía una constante renuncia, sacrificio y humildad. El papel del maestro era organizar la vida y las actividades del alumno; pero era el propio alumno el encargado del cumplimiento de las reglas y normas que regían al mundo. Por tanto, se consideraba al maestro la base del éxito y de la educación.

A él le correspondía guiar y dirigir la vida de los alumnos, llevándolos por un camino que él trazaba, mediante una domesticación y freno del desarrollo social a través del conformismo, el orden y la disciplina, acostumbrándolos así a hacer la voluntad de las personas adultas, obedeciendo a sus superiores rápidamente, por lo que debería acostumbrarse en definitiva a su maestro y a no tener voluntad propia.

En cuanto al proceso de enseñanza-aprendizaje, los contenidos eran, por supuesto, temas seleccionados por el maestro, los cuales se presentaban en forma de enciclopedismo fragmentado, es decir, no existía ninguna relación entre un tema y otro; los temas que se trataban en clase se daban únicamente mediante la exposición en la que el alumno era un espectador y el maestro el encargado de transmitir el conocimiento, evitando así que el alumno perdiera el tiempo, malgastara sus esfuerzos y generara confusiones. El método de enseñanza estaba más inclinado hacia la meta y no a la enseñanza, siendo éste el mismo para todos los alumnos y aplicable ante cualquier situación. Jesús Palacios (1984) nos menciona una frase que completa más la idea sobre la educación tradicional *"la escuela preparaba para la vida, dando la espalda a la vida"*.

La escuela nueva como alternativa para mejorar la educación

Al parecer, la maestra de Juanito ignora, o tiene dificultad para integrar, que los métodos de enseñanza-aprendizaje han ido evolucionando con el tiempo y que a finales del siglo XIX surge la escuela nueva como reacción a la educación tradicional, en la que se toman en cuenta las características de los niños, respetando su proceso de aprendizaje y permitiéndoles ver con sus propios ojos, caminar con sus propias piernas y, sobre todo, vivir ellos mismos su propia vida. En pocas palabras, experimentar y actuar por ellos mismos. La escuela nueva debería preparar y encaminar al niño hacia el triunfo, desarrollando su personalidad, sus aptitudes intelectuales, artísticas y sociales, propias de las características particulares del niño, basadas en el principio: *"La educación en la libertad, a través de la acción"*.

De esta manera, la educación a lo largo del tiempo ha jugado un papel muy importante en la sociedad y actualmente su función tendría que ser aumentar las perspectivas de supervivencia ante los problemas sociales que se presentan, tales como la competitividad, la delincuencia, el fracaso escolar, la reprobación y la resolución de problemas para actuar ante los cambios que se dan constantemente. Un claro ejemplo de esto es el impacto de la tecnología sobre el ambiente, los nuevos modelos económicos y la informática, que se han convertido en uno de los elementos más importantes en nuestros días y que imponen un ritmo de vida muy acelerado, por lo cual debemos ayudar a los niños de nuestra época a adquirir nuevos valores,y habilidades que le permitirá actuar y desarrollarse en un mundo complejo. Es necesario desprenderse de ciertos paradigmas que el educador considera indispensables en el proceso de enseñanza-aprendizaje, tales como:

- La idea de que el conocimiento tiene que ser aceptado sin preguntas.
- La idea de que sólo hay una respuesta correcta.
- La verdad absoluta y fija.

Si el alumno adopta estos conceptos, estaremos formando personas dependientes, pasivas, mecanicistas, conformistas, que se resisten al cambio y que por lo tanto no sobrevivirán en el mundo de la tecnología cibernética y en la era espacial tan desarrollada que les tocará vivir. Por lo tanto, es necesario enseñarle urgentemente a ejercitar su *pensamiento* por medio de:

- La utilización de un lenguaje interrogativo –estrategias metacognitivas–.
- Una dirección del aprendizaje conforme a las respuestas del alumno.
- La socialización de estrategias, es decir, la interacción de alumno-alumno al exponer sus ideas.
- En cada lección proponer algún problema que el alumno deberá resolver conforme la aplicación de los temas vistos.
- Enseñarle al alumno a transferir las lecciones a su vida diaria.
- Enseñarle al alumno a formular hipótesis sobre la lección.
- Evaluar su proceso de aprendizaje, no solamente los resultados del aprendizaje.

De esta manera estaremos formando personas activas, creativas, con la capacidad de pensar, actuar y defenderse en la vida. Como mencionan en una revista mexicana David Perkins y Navarrete Thierry: *"Una vez que el hombre ha empezado a Pensar, nadie puede predecir a dónde irá. Tan enervante como esto es el hecho de que nadie sabrá cómo llegará ahí."*

Ahora que he definido de manera general un panorama sobre la educación a través del tiempo, trataré de explicarle a Juanito, y sobre todo recordarle a la maestra Lupita, qué quiere decir pensar, así como para qué y por qué es necesario hacerlo.

El pensamiento

La noción de pensamiento ha sido descrita por muchos filósofos; por ejemplo, Descartes (1644) la describe como "un todo que se verifica, de tal modo que lo percibimos inmediatamente por nosotros mismos, por lo cual no sólo es el entender, el querer y el imaginar, sino también el sentir ".

Por su parte Thomson (1959) afirma que "el pensamiento es el equivalente a recordar, imaginar, dar instrucción, adaptar una actitud, expresar deseos y necesidades, creer, opinar, razonar y reflexionar".

Según Jorge Serraro (1992), "el pensamiento podría considerarse como la actitud intelectual que el hombre realiza, a través de la cual puede entender, captar y comprender lo que le rodea".

De acuerdo con las teorías cognoscitivistas, "el pensamiento depende de la forma en que una persona representa el mundo y las maneras en que cada uno puede manipular o actuar sobre esta representación interna".

Meyer (1985) señala que la posición conductista define al pensamiento como un proceso externo, relacionado con comportamientos observables y el argumento cognitivo, como un proceso interno, que da como resultado la manifestación de la conducta, y propone la siguiente idea:

"El pensamiento es un proceso que implica un conjunto de operaciones sobre el conocimiento y los procesos que se realizan. A éstos Jozef Cohen los denomina *procesos cognitivos* y los entiende como actividades mentales que pueden ser ordenados; además, describe las cogniciones o pensamientos que se dan durante la creatividad, la resolución de problemas, la fantasía y los sueños."

Lloyde Peterson dice: "El organismo que piensa desarrolla habilidades, el pensamiento mismo es considerado como 'habilidad' para utilizar el aprendizaje anterior y las percepciones presentes en la resolución de problemas."

Por lo tanto, a pesar de los intentos que se han hecho para unificar el concepto de pensamiento, se han impuesto a lo largo de la historia diferentes formas de concebirlo, tales como:

- El pensamiento es concebido como una respuesta del organismo.

- El pensamiento se define a través de una estructura cognitiva –en cuanto se produce una reorganización o reestructuración de la información–.
- El pensamiento es un proceso activo y regulado –el cual prueba hipótesis a través de diferentes estrategias–.

Por tanto, podemos contestarle a Juanito que el pensamiento es una actividad mental absolutamente necesaria, con la cual, por conducto de ciertos razonamientos, pueden resolverse problemas para enfrentar las demandas del momento, para adquirir un conocimiento nuevo, aprovechando experiencias pasadas y planeando las experiencias futuras.

–Sí, pero, ¿cómo pensamos? –preguntaría Juanito.

El pensamiento es una actividad que se realiza a través de diferentes estructuras y operaciones mentales internas mediante las cuales los individuos recuerdan, asimilan y comprenden cierta información dentro de sus esquemas. Jean Piaget llama esquemas a la estructura mental interna que se refiere a la manera en que el niño se representa y, respecto de las operaciones, consisten en la manera en la que el niño actúa sobre esas representaciones. Por ello es muy importante desarrollar mediante ejercicios, operaciones mentales del pensamiento en el niño, tales como la observación, la comparación, la clasificación, la interpretación, la imaginación, la atención, la toma de decisiones, la formulación de hipótesis, el resumen, etcétera.

Piaget afirma que el pensamiento del niño depende directamente de la actividad que realiza en el mundo, manipulándolo, transformándolo y alterándolo. De ahí surgen las causas principales que Piaget ubica en el aprendizaje por medio de la acción.

Debido a esto, podemos aclararle a la maestra Lupita que ninguna pregunta que los alumnos elaboran es tonta, que el pensamiento implica poner en marcha algunos conceptos como atención, percepción, razonamiento, memoria, inteligencia, etcétera.

Es de esta manera que algunos autores han tratado de realizar un listado o clasificación de los tipos de pensamiento.

Tipos de pensamiento

- *Pensamiento imaginativo*: es el que se basa en los procesos de imaginación.
- *Pensamiento hipotético*: es el que implica una recombinación de conceptos.
- *Pensamiento especulativo*: aquel que construye teorías.
- *Pensamiento de aprehensión*: se refiere a la conciencia del objeto.
- *Pensamiento realista*: es aquel que puede ser libre u orientado por una lógica, el cual establece un sentido crítico, en el que se formulan juicios que concluyan en falso o verdadero, y en creativo para descubrir nuevas situaciones.
- *Pensamiento autista*: se divide en *sincretista* con propiedad incompatible y en *animista*, que es todo aquel inanimado.
- *Pensamiento concreto*: cuando se determina que un estímulo corresponde a una única respuesta.
- *Pensamiento convergente*: es el proceso que el organismo realiza sobre una información hacia una única respuesta.
- *Pensamiento divergente*: es el proceso intelectual a partir del cual la información dada puede moverse en diferentes direcciones.
- *Pensamiento crítico*: es aquel que permite que el individuo sea un pensador eficiente, capaz de actuar de manera razonable en su vida personal, mejorando su capacidad para pensar.
- *Pensamiento autorregulado*: es un pensamiento reflexivo, racional, que incluye habilidades para clasificar problemas, con las implicaciones y las contradicciones que cuestionen profundamente la propia estructura del pensamiento.

Ahora que he definido la palabra pensamiento como una actividad natural absolutamente necesaria, con la cual a través de ciertos razonamientos se pueden resolver problemas para enfrentarse a las demandas del mundo, aprovechando las experiencias pasadas y previniendo las experiencias futuras, es importante analizar si es posible enseñar a pensar.

Enseñar a pensar... ¿Cómo?

La mayoría de los científicos cognitivos argumentan que la enseñanza de habilidades del pensamiento es posible y necesaria, por lo que existe gran variedad de métodos para mejorar la inteligencia del individuo. Nickerson asegura que la mayoría de estos métodos para enseñar a pensar coinciden en que:

- Se deben ejercitar por medio de diferentes tareas, habilidades básicas del pensamiento, como la síntesis, el razonamiento, el análisis, las secuencias, la formulación de hipótesis, la memoria, etcétera.
- Tratar de motivar la curiosidad del ser humano, para que se convierta en un aprendiz independiente.
- Se deben buscar diferentes estrategias para la resolución de problemas.
- Mejoran los sistemas de autocontrol y autoevaluación de los elementos utilizados para llegar a la solución de problemas.

Dentro de la gran variedad de métodos que enseñan habilidades del pensamiento, Etty H. Estévez Nénniger señala en la revista "*Educación 2001*" (1996) una breve descripción de los más destacados programas para enseñar habilidades del pensamiento como:

Estructura del Intelecto (SOI)

De la autora Mary N. Meeker, que se fundamenta en la teoría de la inteligencia de Guilford, en el que se pretende que el aprendiz desarrolle habilidades para lograr un pensamiento crítico, en sesiones de 30 minutos dos veces por semana hasta que las habilidades se hayan desarrollado.

Enriquecimiento Instrumental

Fundamentada en el concepto de inteligencia, de Reuven Feuerstein. A través del desarrollo de habilidades de pensamiento en la resolución de problemas, con el propósito de que el sujeto se convierta en un aprendiz independiente, en sesiones de dos a tres horas por semana, durante un periodo de dos o tres años.

Asociación de Investigación Cognitiva (CORT)

Edward de Bono desarrolló este método basado en su propio concepto sobre el pensamiento lateral y el pensamiento vertical. Pretende el desarrollo de habilidades del pensamiento, que permitan utilizarlas dentro y fuera de la escuela; debe realizarse por un periodo de 35 minutos o más por semana durante tres años.

Existe una condición muy clara para conseguir enseñar a pensar y es que el individuo tenga un interés, partiendo de sus disposiciones innatas –naturales–, para que progresivamente vaya mejorando su pensamiento.

Filosofía para niños

Matthew Lipman tiene como propósito mejorar las habilidades del pensamiento de los niños para razonar y juzgar sus reflexiones, durante un ejercicio que se realiza por un periodo de 40 minutos cada semana.

Desarrollo de habilidades del pensamiento (DPT)

Basada en el *Paradigma de Procesos*, la autora Margarita A. de Sánchez afirma que se desarrollan estructuras y funciones cognitivas, con un ejercicio que se lleva a cabo por un periodo mínimo de dos horas semanales, durante los primeros cinco semestres de preparatoria o de educación profesional.

Ahora bien, respecto de lo que la maestra Lupita pide constantemente en su clase "*piensa bien*", puedo inferir que se refería a pensar con eficacia. Este tipo de pensamiento implica una serie de operaciones mentales internas, como la resolución de problemas en la formulación de inferencias, en la toma de decisiones, en la formulación de hipótesis, etcétera.

Así que la tarea que le espera a la maestra Lupita es difícil: primero, tendrá que romper con su sistema de creencias y, segundo, tendrá que buscar estrategias para desarrollar habilidades del pensamiento que le permitan a los alumnos pensar y generar su propio proceso de enseñanza-aprendizaje. Pero, ¿qué es una estrategia? ¿Qué son las habilidades del pensamiento?

Estrategias y habilidades

Nickerson (1994), señala que una *estrategia* se refiere básicamente al saber qué hacer y cuándo hacerlo, así como elegir qué clase de operación mental necesita utilizar para resolver una tarea o si implica utilizar más de una operación a la vez y si una estrategia la puede uno emplear en diferentes situaciones. Los buenos pensadores saben combinar perfectamente sus estrategias para resolver una situación en forma productiva, saben que ningún proceso del pensamiento se da de manera aislada. Por ejemplo, si a un niño se le pide estudiar para el examen de Geografía los temas de bosques, selva húmeda, selva seca, matorrales y pastizales, lo que posiblemente sucederá con un niño que carece de entrenamiento y de la práctica del uso de estrategias y operaciones mentales, es que tratará de memorizar todas las características, como la ubicación, clima, flora, fauna, etcétera en forma separada, mientras que un pensador más experto buscaría la manera de comparar, buscando semejanzas y diferencias entre los temas, para comprender y explicar lo que está estudiando. Así, cuando se logra la aplicación de un proceso mental de manera consciente y controlada, como es el caso del pensador experto, se produce una *habilidad del pensamiento.*

Para adquirir una habilidad es necesario aprender primero conceptos y éstos se aprenden a partir de hechos simples, que nos dan pauta para construir actividades que nos proporcionan una capacidad.

Por tanto, las habilidades del pensamiento "se refieren a la disposición que tiene el ser humano para realizar alguna actividad o resolver algún problema, basándose en la percepción de estímulos externos y en una respuesta activa que sintetiza en una situación eficaz".

Ahora bien, como he inferido, el papel que juegan las habilidades del pensamiento es de gran importancia dentro del proceso enseñanza-aprendizaje y ayuda a ir perfeccionando el propio conocimiento, por lo que es urgente encontrar una vacuna que detenga el síndrome del *pero... ¿qué no piensas?*

Maestro, si quieres que realmente tus alumnos *piensen bien*, ¡ayúdalos! ¿Cómo? ¡Atiéndelos!

Qué debo tomar en cuenta para enseñar a pensar

Un buen profesor se preocupa por *generar aprendizaje* y no por dar una clase. Y la diferencia radica, según Enrique García González (1982), en que "dar una clase significa tratar un tema, sin importar si el alumno asimiló los contenidos; en cambio, *aprender* es algo más complejo y profundo, porque se trata de un proceso mediante el cual el profesor pone al alcance del estudiante las condiciones y no simplemente lo expone". Pullias y Young (1985) señalan que "la enseñanza es esencialmente un medio para guiar a los estudiantes a un desarrollo óptimo de su potencial como seres humanos". Tomando en consideración estos conceptos, debemos recordar siempre que para estimular el pensamiento del alumno es importante tomar en cuenta lo siguiente:

- Ninguna pregunta que los alumnos formulen es tonta o se encuentra fuera de lugar. Cuando un niño pregunta, lo hace porque tiene inquietud por aprender.
- No olvides que estás al frente de personas capaces de cuestionarte en cualquier momento.
- Ayúdalos a identificar qué tipo de habilidades desarrollan.
- No eres la única persona del salón que tiene siempre una respuesta para todo, permite que los alumnos traten de responder a las preguntas.
- Ayúdalos a escuchar y respetar las opiniones o preguntas de los demás.
- Consigue que tu alumno vincule los contenidos que enseñaste en el día, con alguna situación que enfrente en su vida cotidiana.
- Despierta la curiosidad por las lecciones que ven día con día, partiendo de sus respuestas y necesidades.

- Utiliza siempre un lenguaje interrogativo para despertar el interés sobre el tema.
- Enséñalos a autoevaluarse diariamente, de manera individual y en su trabajo grupal.
- Propicia la formulación de hipótesis de los temas que se tratan durante las clases.
- Proponles diariamente un problema sobre la lección, con dos o más soluciones.
- Enséñalos a identificar sus estrategias y a darse cuenta de cómo llegaron a ellas.

Enseña estrategias que le ayuden al alumno a:

- Aprender a aprender.
- Desarrollar su pensamiento científico, crítico y creativo.
- Generar un aprendizaje independiente.

Una vez que reflexiones acerca de estos puntos, te recomiendo que apliques una dosis de metacognición diariamente durante toda la vida.

Cómo se aplica la metacognición

La palabra metacognición se refiere a la capacidad de "conocer el propio conocimiento", por lo que a continuación presento una síntesis de habilidades metacognitivas.

Enseña al niño a:

- *Planear:* es de suma importancia, porque con esta actividad se pretende controlar la impulsividad del alumno, para que reflexione sobre su proceso de pensamiento.
- *Predecir:* es la capacidad que tiene el niño para detenerse a pensar en lo que va a acontecer después de realizar

determinada actividad, en la cual deberá anticipar las consecuencias de sus conductas en la vida.

- *Monitorear:* le dará habilidades al niño para regresar constantemente al objetivo, es decir, ir poco a poco y detenerse cuando sea necesario para evaluar cada uno de los pasos que ha seguido, los cuales pueden ir alejándose o acercándose a la meta que se desea alcanzar.
- *Evaluar:* sirve para acostumbrar al niño a que, antes de comprometerse en alguna situación, analice cuáles son los parámetros que deberá de evaluar para que pueda distinguir si se acerca a la meta que desea alcanzar.

A continuación enlisto algunas de las preguntas metacognitivas que es importante practicar con los niños:

- Analizar
  ¿Qué elementos forman este orden?
  ¿Qué conexión hay entre ellos?
  ¿Cuál es la fuente de la investigación?
- Comparar
  ¿Qué rasgos reconoce?
  ¿Qué aspectos son similares?
  ¿Qué aspectos son diferentes?
- Clasificar
  ¿Qué jerarquía se puede establecer?
  ¿Qué podría anexar a esta información?
  ¿Cómo agruparías estos elementos?
- Evaluar
  ¿Qué beneficio se obtiene de la información?
  ¿Qué aspectos se pueden desechar?
  ¿Qué elementos se pueden rescatar?
- Inferir
  ¿Qué pretendo decir con...?
  ¿Cuál es el propósito de la información?

¿Qué aspectos encierra la información?

- Ordenar solución de problemas
  ¿Qué orden se podría dar a...?
  ¿Qué secuencia guardan?
  ¿Cómo lo puedo resolver?
  ¿Cuántas posibles soluciones existen?
  ¿Por qué esta situación es un problema?
- Toma de decisiones
  ¿Cuál es la mejor opción?
  ¿En qué situaciones se puede aplicar?
  ¿Qué puedo concluir?

Por lo tanto, si la intención del maestro es formar niños independientes y pensantes, debe ser la cima de los niños mientras ellos lo necesiten, pero una vez que se da el aprendizaje, éste deberá conducir al niño a tener una actitud crítica todo el tiempo, ante todo tipo de situaciones que se le presenten. De esta manera, paulatinamente se irá acabando la excesiva dependencia e inseguridad del alumno, para que antes, durante y al final de la lección, el niño sea capaz de contestar a las preguntas:

- Sobre actitudes:
  ¿Cuál es el propósito de este ejercicio?
  ¿En qué estoy siendo sistemático?
  ¿Me interesa esta actividad?
  ¿Cómo puedo concentrarme más en esto?
- Sobre el proceso:
  ¿Qué habilidades estoy desarrollando?
  ¿Qué procedimiento debo seguir?
  ¿Qué problemas puedo encontrar?
  ¿Cómo los puedo resolver?
  ¿Cómo puedo saber que estoy haciendo lo correcto?

- Sobre el conocimiento:
  ¿Qué conozco del tema?
  ¿Tengo claro el significado de...?

¿Cómo relaciono la información nueva con...?
¿Qué aplicación tiene con mi vida?
¿Qué conclusiones puedo sacar?

De esta manera, el maestro le ayuda al alumno a descubrir sus propios procesos metacognitivos, tomando en cuenta sus necesidades y características, por lo tanto, formará alumnos exitosos, emprendedores, seguros y críticos, capaces de enfrentarse inteligentemente a los problemas que la vida le presenta. ¿Cómo sabe un maestro que lo está haciendo? Cuando el alumno:

- Demuestra seguridad en su propio proceso de aprendizaje.
- No acepta inmediatamente una respuesta afirmativa sin cuestionarla.
- Es capaz de escuchar y cuestionar respuestas de los demás sin temor a las burlas o al rechazo.
- No se presiona por tener una respuesta correcta.
- Confía en sus decisiones.
- Reconoce que es lo más importante del tema, es decir, el qué y el porqué de lo que está aprendiendo.
- Puede transferir las lecciones a su vida diaria, dentro y fuera de la escuela.
- Puede identificar el momento en que el aprendizaje anterior se relaciona con el nuevo.
- Sugiere nuevas formas de trabajo individual o colectivo.
- Muestra seguridad en sí mismo, dentro y fuera de la escuela.
- Valora la importancia del trabajo grupal.
- Identifica las habilidades que desarrolla con cada uno de los contenidos.
- Comenta qué aprendió y cómo lo aprendió.
- Muestra gusto por leer e investigar algún tema que le interese sin necesidad de que se le indique.
- Defiende sus ideas o puntos de vista.

- Propone ideas para enriquecer el tema, es decir, actividades dentro y fuera del salón de clases.
- Identifica problemas que se presentan para realizar alguna actividad.

Como podemos darnos cuenta, la labor del maestro es compleja, pero no imposible de resolverse; todos estos puntos pueden lograrse siempre y cuando el educador esté dispuesto a un cambio, tanto en la manera de conducir el conocimiento, como en la forma de tratar a cada uno de sus alumnos, por lo que también es importante reflexionar sobre la actitud del profesor para enseñar a pensar a sus alumnos.

El profesor y su labor

Seguramente en algún momento de la vida recuerdes haber escuchado o pensado que el profesor es aquella persona de quien depende el éxito o fracaso de la educación. Si los alumnos pasan al siguiente grado con buenas calificaciones, inmediatamente viene a la mente que el maestro realizó un buen trabajo, pero si el grupo tiene bajas calificaciones, pensaremos que el maestro no realizó su labor. Pero, entonces, ¿cómo debe ser la labor del profesor?

De acuerdo con Nerici (1985), en su obra *Hacia una didáctica general dinámica*, "el profesor es el dínamo que arrastra, entusiasma y contagia en la senda que lleva hacia la realización de los objetivos de la educación". Por lo tanto, las principales funciones que deberá realizar frente a su grupo son:

- Ser crítico y mediador de las preguntas y respuestas que los alumnos elaboran durante la clase.
- Ser un constante evaluador, tanto en el trabajo de los alumnos como de sí mismo.
- Ser un impulsor que propicie la superación del alumno.
- Ser un investigador y estudiante, para que se encuentre bien actualizado y preparado en ciencia, pedagogía, psicología, didáctica, etcétera.

- Ser un facilitador del proceso creativo, de tal manera que el aprendizaje pueda ser novedoso, interesante y activo para los estudiantes.
- Mostrar una actitud de confianza, respeto y comprensión hacia sus alumnos.
- Ser un analizador de todas las situaciones que se presenten dentro de la clase.
- Ser el coordinador de las actividades que se propongan durante la clase.
- Ayudar a sus alumnos a enfrentar su realidad, de tal manera que puedan superar dificultades y aprovechar sus posibilidades.

Una vez reflexionada esta información, podemos darnos cuenta de que el compromiso que le espera al educador lo conducirá a una constante actualización, olvidando la apatía y recordando que el tiempo actual en el que vivimos obliga a romper por completo con las prácticas de mera trasmisión de conocimientos. De esta manera hay que pugnar por una verdadera construcción del conocimiento, que enseñe a los alumnos a pensar, a resolver problemas, así como a buscar herramientas para enfrentarse con la vida y sobre todo a despertar el interés por ser una persona activa y crítica de los sucesos que lo rodean, además de enseñar al niño a reflexionar sobre sus propios procesos de pensamiento.

Por último, profesor, te sugiero que trabajes durante la clase los siguientes aspectos en la planeación, implementación y evaluación:

Planeación

- Analiza los propósitos del ciclo escolar y vincúlalos con las necesidades específicas de aprendizaje de tus alumnos.
- Realiza una lista de jerarquización de los contenidos, vincúlalos entre sí y ubica los ejercicios del libro de texto para reconocer sus conexiones.
- Propicia que los alumnos colaboren en la revisión de propósitos y contenidos del ciclo escolar, considerando la madurez del grupo.

- Selecciona con los alumnos el tipo de actividades, técnicas, material y recursos, considerando los alcances e intereses del alumno.
- Selecciona los contenidos de aprendizaje, tomando en cuenta la actualidad del tema, el tiempo disponible, la importancia, las necesidades del grupo y los intereses de los alumnos.
- Determina la forma de evaluación de los propósitos y de los contenidos, considerando a los alumnos.

Implementación

- No olvides la motivación de los alumnos. Aprende a conocerlos.
- Promueve la comunicación entre maestro-alumno y alumno-alumno.
- Procura estar al tanto del surgimiento de preguntas y respuestas de los alumnos.
- Mantenlos informados constantemente de los aciertos, de manera individual o grupal.
- Propicia problemas de discusión para generar cuestionamientos.
- No olvides utilizar en todo momento estrategias metacognitivas.
- Aplica evaluaciones de diagnóstico y finales para comprobar el rendimiento o cambios en los alumnos.
- Organiza a los alumnos para que tengan comisiones específicas para realizar dentro de la clase.
- Propicia que el alumno comente sus experiencias de acuerdo con sus intereses y necesidades para promover su madurez.
- Ayuda a descubrir en todo momento qué habilidades del pensamiento están utilizando.
- Despierta el interés por la investigación.
- Cuestiona constantemente las dificultades que han encontrado para el aprendizaje y cómo han resuelto esa dificultad.

- Utiliza diferentes materiales, como películas, videos, transparencias, fotografías, libros, periódicos, revistas, computadoras, Internet, etcétera.

Evaluación

- Selecciona junto con los alumnos los medios de evaluación, dependiendo de la madurez del grupo.
- Realiza evaluaciones que no siempre sean escritas con preguntas y respuestas, es decir, puede ser por medio de caricaturas, opiniones, encuestas, dramatizaciones, etcétera.
- Mantén informado siempre al alumno de sus avances, reconociéndolo en forma individual y grupal.
- Verifica si se están cumpliendo los propósitos planteados al inicio del ciclo escolar.
- Propicia en el alumno el hábito de transferir lo aprendido a situaciones reales.
- Cuestiónalo siempre con preguntas, tales como: ¿qué aprendiste? ¿Cómo lo aprendiste? ¿Cómo lo recordarás? ¿Para qué te va a servir?, etcétera.

Por todo lo anterior puedo concluir que es posible enseñar a pensar. Todo radica en el interés y decisión del maestro para hacer que sus alumnos sean personas críticas, creativas y científicas ante cualquier situación que se les presente.

Hagamos clases para pensar.

Fuentes Documentales

Habilidades del pensamiento. (Enero, 1998) Boletín informativo Instituto Miguel Ángel, Departamento de Psicopedagogía. México,

Estévez N., E. (1996). *Enseñar a pensar: ¿Nuevo enfoque en educación?* Revista Educación 2001, N. 10, Marzo.

Estévez N., E. (1996). *Programas para enseñar habilidades de pensamiento.* Revista Educación 2001, N. 13, Marzo.

García González, E. y **Rodríguez Cruz, H.** (1982). *El maestro y los métodos de enseñanza.* México, Trillas, ANUIES.

Lloyd, P. (1983). *Aprendizaje.* México, Trillas.

Mayer, Richard (1985). *El futuro de la psicología cognitiva.* Madrid, Alianza.

Mayer, Richard (1986). *Pensamiento y resolución de problemas y cognición.* España, Paidós.

Mayor, J., Suengas A., Gonzalez, J. M. *Estrategias metacognitivas. Aprender a aprender y aprender a pensar.* Universidad de las Américas.

Naisbheth, J., y **Shuckmit J.** (1992). *Estrategias de aprendizaje.* México, Santillana.

Padilla Magaña, R. A. (1995). *Metodología didáctica y desarrollo de habilidades del pensamiento en la escuela primaria. Tesis.* UNAM. Facultad de Filosofía y Letras, Colegio de Pedagogía.

Palacios, Jesús (1984). *La cuestión escolar. Críticas y alternativas.* 6ª. Edición. Barcelona (España), LAILA.

Perkins, D. y **Navarrete Thierry, P.** *"Educación para el cambio. Una cuestión de supervivencia."* en Revista Mexicana. México.

Pullias, Earl y **Young** (1985). *El maestro ideal.* México, Pax-México.

RericI, Imedeo G. (1985). *Hacia una didáctica general dinámica.* México, Kapelus.

Serrano, Jorge (1992). *Pensamiento y concepto.* México, Trillas, ANUIES.

¡Uy, hay examen! ¿Oportunidad o martirio para estudiantes y docentes? ¿Información o deformación del aprendizaje escolar?
Algunas tensiones por resolver...

No es lo mismo procesar información, que comprender significados.

Fernando Savater

Clara, la escuela y los exámenes. Una víctima más de la evaluación escolar

Clara, quien acaba de ingresar a la escuela primaria después de haber pasado aproximadamente tres años maravillosos en el nivel preescolar, en donde llegó a desarrollar ciertas habilidades, es una niña inquieta con gran imaginación y creatividad, que ha comenzado a vivir una nueva experiencia: la escuela primaria, lo que sin duda dejará una huella importante en su vida.

Es el primer día de clases y Clara llega a la escuela, con gran ilusión de conocer a su maestra y compañeros. Además, tiene una gran inquietud y curiosidad por comenzar a descubrir para qué le va a servir todo ese paquete de libros, cuadernos y útiles escolares con los que ha llenado su nueva mochila de rueditas.

Y comienza la experiencia. La maestra llega al salón de clases, se presenta y les dice a los niños:

–¡Qué bueno que ya están en la primaria! Esto quiere decir que ya son niños grandes y ahora sí van a tener que estudiar, no como en el kinder, a donde sólo iban a jugar. Y, para comenzar, vamos a ver qué es lo que saben, vamos a hacer una "evaluación diagnóstica".

La maestra reparte unas hojas, mientras que en la mente de Clara había muchas inquietudes:

–¿Ya soy niña grande? ¿Qué es ser niña grande? ¿Ahora no voy a jugar? ¿Qué es saber? ¿Qué voy a aprender? ¿Qué es eso de evaluación diagnóstica? –pensaba.

Una vez que ya todos tuvieron su hoja, la maestra les dice:

–Todos vamos a contestar este examen. Saquen un lápiz y un color. Yo les voy a ir diciendo cómo hay que contestar cada pregunta.

Clara apenas atendía a la maestra, pues decía cosas que nunca había escuchado, que no entendía. ¿Examen? ¿Qué es eso? ¿Esta hoja es un examen? ¿Hay que contestar? ¿Qué voy a contestar?

La maestra comienza a leer las instrucciones y a indicarles a los niños "cómo contestar su examen". Una vez terminado el examen, la maestra les dijo:

–Bueno, denme su examen para calificarlo.

Nuevamente Clara, con cara de sorpresa, se preguntaba:

–¿Calificarlo? ¿Qué es calificar?

Pero conforme fueron transcurriendo esos primeros días de la escuela primaria, Clara no tardó mucho en darse cuenta de lo que significaban y sobre todo de lo que importaban y pesaban todas esas palabras raras que la maestra dijo el primer día de clases: saber, examen, calificación. Mes con mes, Clara tenía que "estudiar" la guía para los exámenes, lo cual quería decir que ese día no iba a jugar sino que tendría que pasarse las tardes de la semana repitiéndole a su mamá la guía que le habían pegado en su cuaderno y, sobre todo, tener mucho cuidado de no olvidarlo hasta el día siguiente, para poder contestar todas las preguntas del examen.

Afortunadamente, Clara tenía buena memoria y por lo general casi siempre "le iba bien", pues si tenía cuidado de recordar "lo que había estudiado con su mamá", "sacaba" 10, o de perdida 9. Y entonces, la maestra le daba un premio y le decía que era una muy buena niña.

Pero un día, a Clara se le olvidó el cuaderno en donde tenía la guía; la mamá, enojada por tan grave descuido, la regañó y le dijo que se las arreglara sola, pues como no tenía con qué estudiar, ella no podría ayudarle. Que a ver qué hacía a la hora del examen.

Clara, un poco confundida y asustada, no supo qué hacer y, como era de esperarse, al día siguiente, "a la hora del examen", sólo se le quedó viendo a la maestra y, cuando ésta le dijo que por qué no contestaba, que se apurara, "que se le iba a acabar el tiempo", Clara sólo se puso a llorar; la maestra, sin darse un tiempo para platicar con Clara, le dijo nuevamente:

–Apúrate, no llores, pareces un bebé. Yo aquí tengo puros niños grandes, si sigues llorando te voy a mandar al kinder con los bebés.

Clara, más asustada que antes, se secó las lágrimas y comenzó a dibujar y escribir lo que se le ocurría en "su examen".

Pocos días después, Clara volvió a enfrentarse con otra amarga experiencia, pues la maestra entregó los exámenes y cuando Clara fue a recoger el suyo, ésta vio enormes taches rojos y un "terrible cero", además de que la maestra, furiosa, le dijo:

–¿Qué significa esto, Clara, no te da vergüenza? Tú siempre tan estudiosa y bien portada, ahora sólo te dedicaste a jugar. Pues bien, a ver si te quedan ganas de seguir jugando cuando se lo enseñes a tus papás, porque mañana no entras si no está firmado. Por supuesto este mes no estarás en el "cuadro de honor".

Cuando llegó la hora de la salida, Clara estaba realmente asustada y no sabía qué decirle a su mamá. Cuando ésta le preguntó: "¿Cómo te fue? ¿Hiciste el examen?", Clara sólo se limitó a sacar su hoja y decirle tímidamente:

–Dice la maestra que me lo firmes.

La mamá, al ver el examen, regañó nuevamente a Clara y le dijo:

–¿Ya ves la consecuencia de tu descuido?, ahora vas a tener una mala calificación en tu boleta y tu promedio bajará. ¿No te da pena que ahora no vas a estar en el cuadro de honor? Pero esto no se va a repetir, de eso me encargo yo. De ahora en adelante te vas a traer todos tus cuadernos y yo te voy a revisar la mochila antes de que nos vayamos a la casa. Por lo pronto, para que no se te vuelva a olvidar el cuaderno para estudiar, esta semana no vas a salir a jugar y vamos a estudiar toda las tardes después de haber hecho tu tarea, hasta que te aprendas muy bien todas las guías. No te voy a permitir que vuelvas a sacar una mala calificación, ¿entendiste?

Clara sólo movió la cabeza diciendo que sí y pensaba en que durante esa semana no iba a ver a sus amigas con quienes jugaba todas las tardes, pues "tendría que estudiar muy duro", si no su mamá y su maestra se iban a enojar.

Por supuesto que ante la terrible experiencia, a Clara nunca más se le volvieron a olvidar sus cuadernos para estudiar y, aunque fue creciendo y su mamá ya no necesitaba estar con ella, Clara ponía mucho cuidado en estudiar muy bien todos sus apuntes siempre que tenía exámenes, pues quería "pasar de año" con muy buenas calificaciones.

Y así transcurrieron nueve años, en los que Clara se caracterizó como una alumna de "nueves y dieces".

Sin embargo, llegó el día en que Clara salió de la secundaria y tuvo que preparar el "examen para ingresar a la preparatoria". Como siempre lo había hecho, "estudió mucho la tarde anterior, tratando de retener toda esa cantidad de fórmulas, fechas y nombres que le habían enseñando". Pero cuál sería su sorpresa que cuando le entregaron su examen y comenzó a leerlo, se sintió nuevamente como aquel primer día de clases en que le entregaron su "examen diagnóstico", o como cuando "se le olvidó su cuaderno para estudiar" y no sabía nada. Clara estaba muy confundida y asustada, pues en el examen no venía nada de lo que había guardado en su memoria. Las preguntas eran una serie de acertijos raros, cuyas respuestas no sabía, porque nadie se las había enseñado y, además, "eso no fue lo que estudió".

Sin querer y con mucho dolor, Clara, por segunda ocasión en su vida, entregó su examen sin contestar.

Y por supuesto el resultado fue que reprobó. ¡Qué día tan terrible! Clara y su familia no entendían qué había pasado, si ella siempre había sacado muy buenas calificaciones, tenía un excelente promedio y además se había pasado estudiando toda la tarde y buena parte de la noche.

Acompañada de Clara, su mamá pidió una entrevista con el director para expresarle su extrañeza y reclamarle una posible trampa, pues ella le aseguraba que Clara sí sabía y que si quería le preguntara lo que quisiera.

El director las recibió y escuchó con calma; sin embargo, cuál sería la sorpresa y confusión de la mamá cuando éste le dijo:

–Sí, señora, entiendo que su hija trae calificaciones de diez y nueve y que, como usted dice, puede saber mucho, pero lo que está muy claro es que no sabe pensar. Probablemente sepa repetir, pero no pensar para resolver problemas. Lo que promovemos en esta escuela son muchachos y muchachas con mentes ágiles, que sean capaces de inferir, observar, identificar, comparar, clasificar, evaluar, razonar y crear para acceder por sí mismos al conocimiento y de esta manera lograr aprendizajes significativos, que le sean de utilidad, tanto en la universidad como en su vida y no solamente en un examen. Lo más importante aquí no es qué sepan sino que sean capaces de buscar, juzgar, proponer, aplicar, evaluar y recrear la información.

Clara y su mamá no entendieron nada en ese momento y sólo a través de experiencias tan difíciles como éstas fue que la vida les enseñó lo que en verdad era aprender. La experiencia escolar de Clara respecto de los exámenes es consecuencia de una situación educativa o, más bien, seudo educativa, que tiene las implicaciones históricas, sociales, económicas y psicológicas que a continuación se abordan, con la finalidad de obtener los elementos que fundamenten un análisis crítico de la experiencia escolar en torno al examen y sus efectos o defectos pedagógicos.

Elementos para un análisis del examen escolar desde lo histórico, sociopolítico, institutional y psicológico

Como preámbulo al análisis de los exámenes, cabe señalar que el origen de éstos no está a la par de la historia de la educación o de la historia de la escuela, sino que es hasta el siglo XIX cuando se tienen los primeros indicios de notas evaluativas en la enseñanza y el aprendizaje.

Y si nos remitimos al origen etimológico de esta palabra tan común, pero a la vez tan temible y devaluada dentro de nuestra experiencia escolar, tenemos que "examen" proviene del latín y significa espécimen, muestra. Con él se busca que muestres de manera *holística* todo tu potencial.

Es decir, etimológicamente "examen" significa desafío, estímulo, oportunidad de desarrollar tu talento.

Pero cabría preguntarnos: ¿realmente éste es el uso que se le ha dado al examen? ¿Cuál es la aplicación y finalidad de los exámenes como práctica evaluativa? ¿A qué intereses responde?

A continuación hago alusión a los usos del examen escolar y a su aparición en el campo educativo, así como a los intereses a los que ha servido.

Primeros usos del examen

Históricamente no todo proceso de enseñanza-aprendizaje culminó o se certificó con exámenes, al menos no era su finalidad.

En *Didáctica Magna*, de Juan Amos Comenio (1657) –uno de los textos clásicos en materia educativa que proporcionan elementos importantes para una construcción metódica y reflexiva del hecho educativo desde lo didáctico–, se presenta al examen no como medio para otorgar una calificación y promocionar a los estudiantes sino más bien como parte integrante del método de enseñanza y aprendizaje, que tiene la intención de ayudar a aprender.

Dice Comenio (1922:100): "Para examinar los trabajos al dictado, si los hay, ordenar a uno, dos o más, si es necesario, que lean lo que han escrito con voz clara y distinta, señalando expresamente las pausas y, entretanto, todos los demás harán las correcciones mirando sus cuadernos... Para los ejercicios de traducción de una lengua a otra, *todos examinarán* sus cuadernos y corregirán lo que hayan equivocado."

Sin embargo, a partir del siglo XIX, se incorpora el sistema de calificaciones a la educación y con esto un reduccionismo pedagógico, con la aparición y evolución de los exámenes como instrumento de evaluación y, de acuerdo con la evolución histórica que Judges (1971) presenta, surgen en la época medieval, como medio para probar la idoneidad de los candidatos con respecto a las realizaciones escolásticas.

Asimismo, Michel Foucault (1977), intelectual del siglo XX, presenta al examen como un instrumento en el que las relaciones de saber se invierten por las relaciones de poder, dándoles un uso normalizante a partir de los siglos XVII y XVIII. Foucault, en su libro *Vigilar y castigar* afirma que el examen es un medio que jerárquicamente se ha utilizado para vigilar, sancionar y normalizar, cuyo fin principal es calificar, clasificar y castigar, para seleccionar y sancionar.

A esto que mencionamos se debe que en todos los dispositivos de disciplina, el examen ha sido altamente ritualizado. "En éste vienen a unirse la ceremonia del poder y la forma de la experiencia, el despliegue de la fuerza y el establecimiento de la verdad... La superposición de las relaciones de poder y de las relaciones de saber adquieren en el examen toda su notoriedad visible." (Foucault, 1977:189)

Es así como, a pesar de que desde sus raíces, más que un medio para atemorizar y controlar, constituía una especie de reto para poner a prueba todo el cúmulo de capacidades humanas, el examen se ha utilizado más bien como medio de selección (Díaz Barriga, 1993:13), de promoción y de control y legitima el saber de un individuo con fines de acreditación y no de conocimiento.

Dice Bernstein (1989:62): "El sistema de exámenes públicos es una pedagogía riesgosa, pues pone en juego formas de clasificación y marcos de referencia rígidos."

Y es que alrededor del examen se juega una serie de cuestiones de diversa índole, que no precisamente tiene que ver con lo educativo o pedagógico.

Para una mayor toma de conciencia sobre los alcances y limitaciones del uso y abuso de los exámenes en la escuela, a continuación presento algunas de las implicaciones tanto sociales como económicas, técnicas, psicopedagógicas y hasta psicoanalíticas que algunos autores nos han expuesto.

Implicaciones socioeconómicas en el uso del examen

Los usos que se le han dado al examen reflejan situaciones de diversa índole, se le han atribuido tanto a problemas relacionados con la asignación de presupuestos como a los de racionalización de empleo y de dictaminación y medición objetiva de conocimientos, mediante su administración y control.

Díaz Barriga (1993:119) abre un debate sobre el uso del examen, en una revisión histórica que hace, y al presentar el texto de Bordieu y Passeron titulado *Eliminación y Selección*, afirma que: "Históricamente, el examen ha jugado el papel de un instrumento que simplifica la realidad y que dificulta el aprendizaje." Y en su artículo *El examen, un problema de historia y sociedad*, establece que: "la uniformidad con la que se pretende valorar al hombre del siglo XX responde a un proyecto social –un proyecto de modernidad– que circunscribe y subordina todas las características que lo hacen sujeto de una dimensión exclusivamente técnica, histórica y productivista –eficientista–. Es el resultado de un proyecto que ve al ser humano como un objeto más en el espacio de la producción" (Díaz Barriga, 1993:17).

Con el surgimiento de los *tests*, el examen adquiere la idea de un control científico y sirve como medio para justificar las diferencias sociales, presentándolas sólo como individuales y eliminar a quienes, de acuerdo con el coeficiente intelectual manifestado en las pruebas de inteligencia de Binet, no sirven para estar en la escuela. Lo anterior resulta una aberración, tanto pedagógica como psicológica, pues si consideramos a la inteligencia como una serie de procesos psíquicos de corte cualitativo que se encuentran en evolución constante, cabe señalar que es imposible medirlos. ¿Acaso Freud, Lacan, Piaget o Coll, han utilizando la medición o los números para dar a conocer los procesos psíquicos de un individuo?

Más tarde, y con el afán de darle un carácter "científico" a la educación y a los sistemas de evaluación que dentro de ésta se empleaban, aparecen las llamadas "pruebas objetivas" que de objetivas no tienen nada. Según Bernstein (1989:66), "el sistema

Ahí donde la pedagogía es visible existe una plataforma 'objetiva' para evaluar a los alumnos, que se basa en:

- Criterios claros.
- Un procedimiento de medida preciso."

Pero conviene aclarar que no se puede hablar de objetividad sin subjetividad, ya que, por mucha objetividad que se pretenda dar a los instrumentos, éstos son elaborados y aplicados entre seres humanos, y la subjetividad es una cualidad inherente a todo ser humano. Además de que la objetividad no aborda el problema del conocimiento, Díaz Barriga (1993:308) insiste en que "estas pruebas objetivas sólo sirven para medir un aprendizaje, que en última instancia es seudo aprendizaje, de carácter mecánico y memorístico –como diría Pichón Riviere– y que –por lo tanto–, no fomentan el desarrollo de aprendizajes más complejos en cuanto al desarrollo de capacidades críticas y creativas útiles para la resolución de problemas, manejo de relaciones abstractas, etcétera".

Pero con la llamada "cientificidad de las pruebas objetivas", el examen adquirió un carácter técnico y de control, regido por principios emanados de la administración. De ahí que la literatura en torno a éste se haya centrado sólo en cuestiones estadísticas relacionadas con la construcción y tipo de pruebas y de reactivos, ignorando por completo los asuntos teóricos, epistemológicos, cognitivos, ontológicos y valorables en su construcción.

A partir de la segunda mitad del siglo XX, surge una marcada tendencia a tratar lo pedagógico y educativo desde dimensiones técnicas y cientificistas, influidas por políticas de corte neoliberal, cuyo objetivo es "justificar académicamente" el control de ingreso a la educación.

En vez de solidificarse la reflexión conceptual sobre lo educativo, el tratamiento de lo educativo se fue centrando en una obsesión por abordar con respuestas meramente técnicas los problemas educativos; de ahí la necesidad de capacitarse en cuestiones como sistematización de la enseñanza, estrategias de instrucción y elaboración de exámenes.

Más tarde, y con el afán de dar una imagen más académica a la idea de control y medición en las llamadas pruebas objetivas, este término se sustituyó por el de "evaluación". Sin embargo, dicha noción no se ha desprendido de la idea de medición.

Dice Morán Oviedo (1981:23): "Una de las maneras más comunes de concebir la evaluación, en el contexto de la práctica educativa [...] es el hecho de identificarla con la medición [...] [lo que quizá obedece] a la carencia de una explicación teórica del discurso de la evaluación. A falta de esta explicación, los teóricos sobre este tema se han abocado a desarrollar la teoría de la medición."

Lo anterior sin duda trae consigo una serie de repercusiones pedagógicas y psicológicas, que los especialistas en este campo se han dado a la tarea de analizar y comunicar. A continuación presento algunas de ellas.

Consecuencias piscopedagógicas del uso del examen

En cuanto al *ámbito pedagógico* se refiere, el doctor Giner de los Ríos, en su artículo de principios de siglo *O educación o exámenes*, publicado en *Pedagogía Universitaria* (1993:74), hace un análisis descriptivo del examen, presentando a éste como opuesto a la educación, en virtud de que el sistema de calificaciones al que se vinculó el examen desde mediados del siglo XIX desvirtuó a la educación, a la docencia y, por ende, a la pedagogía y mató en los estudiantes el placer por aprender al centrar y privilegiar la acción de alumnos y maestros en torno al examen.

Algunos de sus principales argumentos y fundamentos que proporcionan elementos interesantes para una reflexión pedagógica en torno al examen son los siguientes, los cuales constituyen aspectos importantes a considerar para una reflexión pedagógica en torno al examen.

En su artículo denominado *El sacrificio de la educación al examen*, Giner de los Ríos (1993:74-81) expresa que: "La administración y los maestros tratan al niño como un instrumento que hay que preparar para ganar dinero [...] como se educa a un potro para las carreras; sin miramiento alguno respecto de su porvenir." Ante esto, alumnos como Clara, verán en el examen un instrumento o experiencia peligrosa que en lugar de ayudarle a saber qué es lo que se sabe y qué le falta por ejercitar y aprender, le etiquetará y marcará su destino; por eso no hay más un objetivo: ser aprobado, llevarse la nota, el premio, la plaza, sacrificar las facultades superiores a la rutina y el deseo no de saber, sino de parecer que sabemos. He aquí los grandes males pedagógicos del examen, pues por los efectos que éste puede tener, a los estudiantes y profesores no les interesa aprender del examen, y tomarlo como un recurso que les puede ayudar a mejorar su aprendizaje o desempeño, sino solamente lograr salir bien librado de éste, no importando el cómo o el para qué.

Y para ilustrar los efectos perversos del examen por los usos y abusos de éste dentro del sistema escolar presenta el ejemplo de Armstrong, uno de los más ilustres científicos ingleses, Presidente de la Sociedad Química, quien en 1984, durante un discurso inaugural, dijo (1993:80): "Hoy en día cada vez más número de muchachos y muchachas va cayendo en las garras del demonio de los exámenes, que amenazan con convertirse en el más implacable monstruo que el mundo haya conocido jamás, pues destruye su aptitud para valerse por sí mismos, su deseo de saber cosas, de observar, de razonar; en suma, no saben ni inquirir ni adquirir. Pero de ninguna manera se puede decir que sean ineptos por sí mismos, son víctimas de una enfermedad adquirida."

Asimismo, dice que Catton Grasby, escritor italiano, en su libro *La enseñanza en tres continentes* nos expresa la idea errónea que sobre la escuela y los exámenes se tiene, diciendo (1993:81): "El mayor mal, sin embargo, de los exámenes, como criterio de los resultados de la enseñanza, es la falsa opinión que engendran sobre la finalidad de la escuela [...] la idea de que la educación consiste en el conocimiento de unos cuantos hechos y en la aptitud para ejecutar unas cuantas operaciones mecánicas; no en el poder de pensar y en el amor al conocimiento."

También refiere al escritor alemán Whille, al que reconocen como el apóstol de la filosofía de la emancipación, quien llama al examen *instrumento de tortura para profesores y alumnos*, porque sólo prueba, no si éstos se hallan formados, sino nivelados militarmente según el tipo y las normas prescritas.

Paulsen, el filósofo idealista y espiritualista de Berlín, afirma que "todos los medios coercitivos para estimular el estudio –asistencia obligatoria, [...] y exámenes de curso– son inútiles, porque sólo obran sobre las apariencias, no sobre la realidad, que no sufre coacción [...] y debilitan el espíritu de independencia y de responsabilidad personal".

Tales reseñas hablan de la perversión pedagógica que ha venido sufriendo el uso, o más bien el mal uso, de los exámenes en la escuela. Elliot (1999:102) ha teorizado: "Las prácticas de evaluación, en concreto, los exámenes, instrumentalizan los valores escolares..."

Centrar la evaluación en la calificación de un examen es un asunto meramente técnico y de control administrativo y político. Pero la evaluación y el examen tienen o deberían tener una función mucho más pedagógica si acompañamos los resultados de una significación e interpretación cualitativa.

Ardoino y Berger (1986), plantean concepciones muy claras al respecto afirmando que "la tendencia es hablar de evaluación allá donde se trata solamente de control disfrazado".

Pero por mucho control que se pretenda ejercer a través del examen y su "calificación", éste no deja de ser un medio a través del cual –en el mejor de los casos–, sólo se ponen a prueba ciertas destrezas o habilidades de los estudiantes para salir avantes y "pasarlo"; pero de ninguna manera puede por sí mismo resolver los problemas generados en la estructuras social e institucional.

Díaz Barriga, en su texto *El examen: un problema de Historia y Sociedad* (1933:12), plantea que: "el examen es el instrumento a partir del cual se reconoce sólo administrativamente un conocimiento, pero éste no puede indicar realmente cuál es el saber del sujeto". Y posteriormente nos dice (1993:14) "no puede ser justo, cuando la estructura social es injusta; no puede mejorar la calidad de la educación cuando existe una drástica disminución de subsidio y los docentes se encuentran mal retribuidos; no puede mejorar los procesos de aprendizaje de los estudiantes cuando no se atiende ni a la conformación intelectual de los docentes, ni al estudio de los procesos de aprender de cada sujeto".

En la última década del siglo XX y principios del XXI, la política educativa se ha centrado en medir la calidad de la educación y utilizar los resultados de los exámenes tanto a nivel nacional como internacional como boleto de entrada, etiqueta de garantía, recurso para contratar, asignar algún estímulo o autorizar presupuesto.

Ante tales afirmaciones se puede decir que la falta de análisis e interpretación pedagógica de lo que significa un examen y su calificación, pervierte su función didáctica y lo único que hace es atemorizar y angustiar a los sujetos por los efectos tanto internos como externos que los resultados obtenidos puedan ocasionar.

Pues es el mundo subjetivo del ser humano el que más se ve afectado y dañado ante una situación de examen.

Adentrémonos un poco en el mundo intrasubjetivo del sujeto y veamos qué nos dicen las teorías psicoanalíticas al respecto.

Efectos psicoanalíticos ante el fenómeno del examen

Recordemos nuestra experiencia escolar y el momento del examen. Todos hemos experimentado en carne propia que una de las situaciones escolares que más refuerzan y promueven la sensación de angustia es, sin duda alguna, el examen.

¿Quién no ha vivenciado cierto temor, quién no ha sentido que se le seca la boca o a quién no le han sudado las manos? ¿Quién no ha experimentado que el corazón le late más aprisa o que se le acelera la respiración? Éstas son algunas manifestaciones fisiológicas producidas por estados de tensión que obedecen a un estado emocional especial, al que se le conoce como angustia. La angustia del examen.

Pero, ¿qué es la angustia? ¿Dónde se origina? ¿A qué nos remonta?

La angustia, como situación emotiva no muy grata, ha sido investigada desde mucho tiempo atrás por las teorías psicoanalíticas de Sigmund Freud y Lacan (1900). Para el psicoanálisis, hablar de angustia es evocar la castración y adentrarnos en un punto central de la estructura anímica del sujeto. Es también la interiorización del deseo del Otro, originado por no saber quién soy Yo para el Otro en el espejo de lo imaginario.

Pero, *¿porqué la situación de examen nos provoca angustia? ¿Qué significa en un enfoque psicoanalítico la angustia que se experimenta ante un examen? ¿Cómo explicar desde el psicoanálisis dicho estado anímico del ser humano? ¿Cuáles son las consecuencias de ciertas manifestaciones de angustia en situaciones escolares como es la del examen?*

Freud, en su texto *La interpretación de los sueños*, hace referencia específica al sueño del examen y explica la persecución y angustia a la que toda víctima del sistema escolar ha sido sometido por el miedo a sentirse fracasado.

Esto, de acuerdo con las teorías psicoanalíticas, se debe a que la situación de examen es una puesta a prueba para el sujeto, en la que debe de probar haber modificado su posición y constituye "una de tantas pruebas que se inscriben dentro del conjunto que el sujeto afronta y debe dar en el mundo social y de la cultura y que están estrechamente vinculadas con alcanzar las insignias de su Ideal del Yo" (Bicecci, en Díaz Barriga, 1993:198).

Y es que todo examen crea cierta expectativa, por la carencia del *Objeto* y de no saber quién soy *yo* para el *otro*, expectativa que si no se resuelve adecuadamente, es decir, si no se responde a ella como lo esperado, los resultados que de ésta se obtengan, pueden significar un peligro y una situación traumática para todo individuo, porque anímicamente y desde lo subjetivo, la situación de examen pone en riesgo la seguridad y aceptación del sujeto.

El surgimiento de la angustia en una situación de examen está asociada a la identificación con el deseo del *Otro*, en donde la angustia proviene de no saber el *objeto* que se es dentro del opaco deseo del *Otro*. Es decir, la angustia del examen es una angustia generada por la incertidumbre de desconocer quién soy para el *Otro* y qué quiere el *Otro* en mí. Es decir, del enfrentamiento con el deseo del *Otro*.

De igual forma, la angustia generada por una situación de examen refleja una falta de objeto de parte del sujeto, es decir, de su propia imagen que afecta su narcisismo; de ahí que en el enfrentamiento con la situación de examen, lo único que hace es manifestarlo.

La angustia es un afecto experimentado por el Yo desde el nacimiento, como respuesta ante una situación de peligro, peligro de castración, de pérdida del objeto-madre o de amor del Súper *Yo*. Es ponerse en el terreno de lo imaginario y buscarnos en el deseo del *Otro*.

Por otra parte, Julio Aray (1980) aborda el examen desde el punto de vista psicoanalítico como un rito de iniciación, que significa e implica la destrucción y muerte para dar paso a un nuevo nacimiento. Asimismo plantea que, de acuerdo con algunos ritos de iniciación de la época primitiva y según lo relatado por Freud (1900) en *Totem y Tabú*, una situación de examen lo que pretende es humillar y destruir, como requisito, para incursionar en el mundo adulto. Con lo que se quiere decir que tradicionalmente el examen se ha convertido en una especie de mito defendido y sostenido durante años por instituciones, profesores y aun por los mismos estudiantes, a partir de lo cual sus rituales arcaicos han persistido a través del tiempo.

Sin embargo, lo más grave de este asunto es que la experiencia del examen promueve situaciones de inseguridad y sumisión, que se empiezan a entretejer y asimilar desde la infancia y que son altamente dañinas y difíciles de erradicar en la edad adulta.

Los exámenes, dice Julio Aray (1980:208), "Generan individuos cuya meta concreta es la de memorizar [...], limitándose así la capacidad de pensar libremente, las posibilidades creativas, el desarrollo del pensamiento lógico y aun la capacidad de pensamiento abstracto, tan importante en el desarrollo de la ciencia."

Tras observaciones y preguntas sobre la neurosis del examen durante dieciocho años de docencia, Julio Aray (1980:238) dice que el gran peso que adquieren los exámenes constituye una carga neurotizante, a manera de "trauma psicológico", que esteriliza a la docencia a lo largo del tiempo. "La persistencia de estos ritos y de los mecanismos involucrados en ellos generan situaciones en las que se ha desplazado lo realmente importante hacia lo insignificante, que es la necesidad de aprobar, de 'pasar', de demostrar."

Sin embargo, ¿a qué se debe que la idea de examen siempre esté ligada con problemas administrativos, sociales, económicos, técnicos y hasta psicoanalíticos? ¿Cuál es el fundamento epistemológico –si es que lo hay– con el que se puede abordar y analizar una situación de examen dentro del ámbito educativo? ¿Por qué se está tan preocupado en sólo medir y no en evaluar?

¿Teoría en la evaluación o teoría de la medición en un examen?

Si recordamos el caso de Clara, un caso más entre muchos de los que ocurren cotidianamente en nuestras instituciones escolares, veremos que en la mayoría de éstas, las prácticas evaluativas se han reducido a la apliciación de exámenes cuyo contenido reside en una serie de preguntas encaminadas a medir la capacidad del estudiante para reproducir la información dada por el docente; o bien, la astucia del estudiante para ingeniárselas y salir del problema de la mejor manera posible y así "*poder obtener una buena calificación*", que a fin de cuentas se convierte en la meta principal y razón de ser de muchos estudiantes.

Estas formas de "evaluar" y su afán de centrarla en la calificación obtenida por el estudiante, sin un análísis e interpretación de la misma, están sustentadas en una postura empírico analítica, emanada de la tradición positivista y la psicología conductista.

Sin embargo, esta aspiración cientificista, basada en la idea de cuantificar la enseñanza y el aprendizaje, impide la reflexión sobre la misma; lo que resulta obsoleto para conocer a ciencia cierta los resultados de un proceso, porque, ¿quién puede decir, sin temor a equivocarse, qué significa un 6 en biología? ¿Qué nos dice en cuanto a procesos de aprendizaje un 4 en química? ¿Cuál es la diferencia sustancial entre un 7 y un 5? ¿Cuáles son las propiedades numéricas en las que se fundamentan tales asignaciones? Todo mundo habla de calificaciones, pero nadie explica el fundamento de éstas. Y lo que es peor, es que esta idea fija de medir un proceso interno y subjetivo como es el aprendizaje, reduce la acción docente del maestro a una acción mecánica, y al hombre, sujeto del aprendizaje, lo concibe más que como un ser complejo capaz de elaborar y construir un conocimiento, como una máquina de almacenamiento y emisión de información que imparte sin ningún objetivo.

¿Pero realmente evaluar es medir? ¿Los exánienes son para descubrir cuánto sabes o para evidenciar y eliminar a los que no saben? ¿Podemos reducir la enseñanza y el aprendizaje a una mera competencia numérica? ¿Realmente evaluar reside sólo en elaborar instrumentos que cuantifiquen lo que el estudiante ha podido retener en las aulas escolares? ¿Qué es lo que en realidad se "forma" o deforma, con centrar la evaluación en una calificación? ¿Cuáles son los aprendizajes simbólicos o significados que se promueven con la mera medición de inflormación como forma de evaluación? ¿A qué intereses responde? ¿Es verdad lo que ocurre con Clara? ¿Aprender significa estudiar o más bien tratar de retener lo que va venir en el examen? ¿Uno no aprende lo que no estudia? ¿Qué es aprender?

No se necesita mucha ciencia para deducir que la práctica de la evaluación en las escuelas, centrada en acciones examinadoras y valorada numéricamente, más que una evaluación del aprendizaje, crea una idea errónea de lo que signífica aprender (Contreras, 1994:24).

La evaluación centrada en la calificación del examen propicia que a los estudiantes lo único que les importe sea la nota y pierdan la toma de conciencia sobre su propio proceso de aprendizaje, dado que se les ha hecho creer que lo más importante en la escuela es obtener una buena calificación. Dice Díaz Barriga (1997:154) que "de esta forma, el alumno dificilmente reflexiona sobre su aprendizaje, es decir, sobre para qué aprendió y cómo pudo aprender; también crea un falso mito sobre el aprendizaje, referido básicamente a un número: la máxima calificación significa que ha aprendido, la calificación no aprobatoria quiere decir que no ha aprendido".

Lo anterior es reforzado y auspiciado por la familia –recordemos a la mamá de Clarita–, la empresa y la sociedad. ¿Cuántas veces no hemos escuchado: ¿cuánto te sacaste hoy?, ¿qué promedio obtuviste? o ¡enséñame tu certificado!? Éstas y muchas otras cuestiones semejantes son usadas frecuentemente por padres de familia, maestros, directivos y empleadores, quienes las toman como punto de referencia para premiar, seleccionar y valorar a un hijo, a un estudiante o inclusive a un profesional.

Si concebimos a la evaluación como un análisis de procesos obtenidos y la retomamos de acuerdo con sus orígenes (Comenio, 1922), como parte importante de la enseñanza y el aprendizaje, podemos percatarnos de la ausencia de una auténtica disciplina teórico-epistemológica del hecho evaluativo en las prácticas educativas, pues la teoría de la medición, en la que se basan las acciones evaluativas de las escuelas, ha impedido y obstaculizado desarrollar una auténtica teoría de la evaluación que respalde y promueva una acción realmente educativa y formativa a su alrededor, fundamentada en principios filosóficos y epistemológicos, acordes con la naturaleza humana y con el proceso mismo de la enseñanza y el aprendizaje.

El tipo de acciones y conocimientos que demanda la actual sociedad del conocimiento requiere mucho más de lo que Edward Thorndike imaginó y postuló con el conductismo norteamericano. Ante esto surgen algunas interrogantes: ¿podemos seguir reduciendo la acción evaluativa a una mera propuesta administrativa, fundamentada hasta el momento en cuestiones meramente técnicas y medibles? ¿Debemos seguir auspiciando las desigualdades sociales y promoviendo a los que resultan más favorecidos en el sistema escolar, a causa de su resistencia y astucia para sobrevivir a los exámenes y obtener una buena calificación? ¿Es la idea de control y poder la que debe continuar rigiendo las prácticas evaluativas en las llamadas instituciones educativas? ¿Cuál es la alternativa pedagógica ante la idea de que evaluar es medir y que examinar es cuantificar?

En nuestras escuelas: elementos para la creación de una alternativa pedagógica de la evaluación

Dado que el concepto e idea de evaluación condiciona su desarrollo, es importante, antes de tratar de presentar una alternativa pedagógica ante el problema y caos de la evaluación en nuestras escuelas, retomar y esclarecer el concepto mismo de evaluación que regirá esta estrategia, como una práctica evaluativa y formativa.

Para algunos especialistas en educación que se han dedicado a abordar esta problemática, la evaluación es:

"Un proceso integral del progreso del educando que informa sobre conocimientos, habilidades, intereses, actitudes y hábitos de estudio." (Morán, 1981.) "Un análisis, para emitir una opinión acerca de algo." (Clifton, 1997.) "La indagación sobre el proceso de aprendizaje de un sujeto o de un grupo, que permita detectar las características de ese proceso y buscarles una explicación que rebase la parcialidad de atender sólo a algunos resultados del aprendizaje". (Díaz Barriga, 1999.) "En virtud de lo cual la evaluación no debe identificarse con la medición, los exámenes, la calificación y la acreditación del conocimiento o competencias del curso". (ITESM, 1988.)

De ahí que consideramos que una verdadera evaluación consiste en el análisis de las partes de un proceso con el fin de identificar la integración y manejo de diversos elementos, no para un enjuiciamiento, sino como un instrumento para su retroalimentación y mejora.

Es decir, la evaluación, como parte de un proceso educativo, es más bien una expresión de significados y significantes que se caracteriza por su controversia, complejidad y multirreferencialidad; que tiene funciones sumativas, pero sobre todo formativas, en las que se puede incluir la medición; pero comprende mucho más que eso. Por lo tanto, la evaluación no debe ser una actividad final realizada únicamente con fines de acreditación, sino algo continuo, sistemático, tal vez instrumentalizado y sobre todo multifacético y aplicable a diversas situaciones tales como identificación de los elementos de un proceso, adquisición de valores y actitudes, desarrollo de habilidades, reflexión sobre las estrategias y acciones y desempeño de una actividad (Eisner, 1999).

A partir de ahí se pueden identificar tres grandes elementos que pueden ser parte de una evaluación: capacidades, procesos y productos, para lo cual hay que tomar en cuenta que cada uno de éstos requiere de una metodología específica, de acuerdo con sus fines, lo que induce a una delimitación tanto de su dinámica como de los instrumentos para recabar la información necesaria y de las fuentes de donde se obtendrá. Por tanto es necesario establecer los criterios de evaluación y el papel específico del agente evaluador. Ante esto, es urgente concebir a la evaluación con una perspectiva más global, integral y de responsabilidad personal y social, pues de acuerdo con su naturaleza, se puede decir que ésta sólo tiene sentido si permite elaborar estrategias de acción a partir de los resultados obtenidos. Es decir, la evaluación puede ser un importante medio para conducir la acción docente y mejorar el trabajo, tanto personal como grupal, que se realiza continuamente en los diversos centros educativos, en relación con el proceso enseñanza-aprendizaje. Además, es importante que se le retome y considere como parte de la acción educativa y no como un elemento externo.

Tales circunstancias invitan a concebir y fundamentar a la evaluación desde una perspectiva teórica diferente y alejada del enfoque empírico-analítico, conductual y de corte positivista que ha venido prevaleciendo como herencia y adopción de las teorías desarrollistas estadounidenses de los años sesenta, pues las tendencias tecnocráticas de corte eficientista son insuficientes para conocer la complejidad de procesos y sucesos de corte psicológico, cognitivo, social y personal, que ocurren en el proceso de enseñanza-aprendizaje.

Un análisis realizado por Elliot W. Eisner sobre *Usos y límites de las pruebas de desempeño*, publicado por la PREAL (Programa para la Promoción de la Reforma Educativa en América Latina y el Caribe), resalta el hecho de que: "Nuestros niños necesitarán saber cómo plantearse problemas, cómo formular planes para encararlos, cómo evaluar resultados múltiples, cómo considerar las relaciones, cómo lidiar con la ambigüedad y también cómo cambiar los objetivos a la luz de la informacón nueva." Para eso, todos los partícipes de un proceso educativo interesados en la evaluación deberían primeramente abrir un debate sobre su significado y sentido para, a partir de ahí, buscar e implementar estrategias y formas de evaluación, y no sólo de medición, que ayuden a superar las dificultades y mejorar los procesos de enseñanza-aprendizaje de los educandos y no sólo utilizar los instrumentos y su calificación para seleccionar, etiquetar o sancionar. Lo que requiere de la creación e implementación de estrategias de evaluación que promuevan espacios de reflexión tanto a nivel personal como grupal, mediante la aplicación, análisis e interpretación de instrumentos con un enfoque más valoral, social y constructivo.

Ante las demandas y características de los instrumentos y formas de evaluación implementados por las agencias internacionales y Sistemas Nacionales de Evaluación en América Latina (Tiana Ferrer, 2000), la condición y uso de la evaluación en México, requiere de la creación de estrategias de evaluación tendientes a conocer y reflexionar sobre la experiencia formativa de los partícipes de un proceso educativo para analizar los diversos elementos que intervienen e invitar a la toma de decisiones y a la creación de alternativas posibles en los problemas presentados, con sistemas e instrumentos que superen la automatización del conocimiento en las pruebas que se han venido utilizando desde las primeras décadas del siglo XX. Es decir, las circunstancias y problemáticas actuales en materia de evaluación demandan la creación de un nuevo paradigma para esta tarea, con un enfoque más cualitativo y constructivo, similar a los empleados por las llamadas Pruebas y Estudios Internacionales de evaluación y medición del rendimiento escolar (TIMSS, PISA, LLECE), pues, de acuerdo con Ardoino, Eisner, Cronbach, McDonald, Stenhouse, Guba, Parlett, Hamilton, Elliot y Satake: "Ni la educación ni la evaluación pueden considerarse como acciones meramente técnicas desligadas de la esfera de valores, puesto que la cotidianidad y experiencia escolar están compuestas por todo un sistema de interrelaciones, evolución e intercambio, y sólo conociendo la génesis de los acontecimientos podrá haber mejoras a nivel formativo tanto en la enseñanza, como en el aprendizaje de los alumnos, pues se deberá promover un proceso diverso y democrático en el que se exponga la reflexión sobre el ser y quehacer de cada uno de sus participantes en un proceso o experiencia de aprendizaje para así, mediante el análisis y la reflexión, facilitar el esclarecimiento de los acontecimientos y circunstancias que definen una determinada situación y que pueden ejercer influencia en la medida de la dinámica del aula. Pero no hay que olvidar que una evaluación de corte cualitativo y con tendencias formativas, requiere de una metodología sensible a las diferencias individuales, a los acontecimientos imprevistos y a la diversidad y espontaneidad de las manifestaciones observables, que da lugar y significado al diario acontecer de la vida escolar, inmerso en un sinfín de situaciones muchas veces insospechadas que requieren del descubrimiento de sus relaciones implícitas y del contexto que las enmarca."

Tales planteamientos ayudan a concebir la evaluación como un proceso de toma de conciencia encaminado a la recolección de datos más cualitativos que cuantitativos, mediante el cual, a partir de la identificación, tanto de los procesos como de las interrelaciones que en éste se dieron, se llegue a una revaloración de los elementos de la enseñanza y del aprendizaje que intervinieron en los triunfos o limitaciones enfrentadas en un tiempo y lugar determinado.

Pero una evaluación de corte formativo requiere un primer cuestionamiento sobre lo significativo de las circunstancias escolares que faciliten la identificación por parte de los agentes participantes –docentes y alumnos–, de los aspectos que favorecieron o limitaron el proceso, siempre unido a la creación de acciones y estrategias que impulsen un desempeño cada vez mejor tanto en el ámbito personal como en el social.

Cabe recordar que los significados no son algo dado ni fácil de descubrir. Si en realidad queremos hacer de la evaluación una experiencia significativa de aprendizaje y formación, debemos abrir espacios y crear los medios para que los alumnos perciban y gocen de sus esfuerzos por aprender.

Es indispensable, entonces, reflexionar y construir estrategias de evaluación que permitan no sólo el análisis personal, sino la identificación de acciones formales e informales, tácitas y explícitas, directas e indirectas, abiertas y ocultas que ocurren en el interior de todo proceso de aprendizaje, reconociendo la complejidad propia e inherente de este suceso.

Ante tal perspectiva queda claro que la evaluación no va encaminada a juzgar, sino a expresar, apreciar y valorar los aprendizajes obtenidos, poniendo un énfasis especial no tanto en sus productos sino en el proceso mediante el cual se obtuvieron, para así hacer de la enseñanza y del aprendizaje una grata experiencia altamente dinámica y significativa.

Una primera alternativa consiste en la creación y recreación de estrategias de evaluación de corte metacognitivo, con preguntas tales como: ¿qué hice o aprendí?, ¿cómo le hice para aprender? o ¿para que me va a servir lo alcanzado hasta el momento?

Y es que el uso de procesos metacognitivos en la evaluación del aprendizaje de manera explícita y abierta ayuda a transferir el papel crítico del maestro al alumno, además de desarrollar habilidades encaminadas a planear, predecir, monitorear y, en consecuencia, a evaluar, aplicándolas a la solución de problemas y a la toma de decisiones mediante la activación de procesadores mentales que permitan identificar la utilidad de la experiencia vivida y del conocimiento incorporado, que será la base para la adquisición de nuevos conocimientos teniendo en cuenta que dependerán siempre de la interacción con el conocimiento existente, de los procesos de decodificación utilizados y del contexto instruccional en el que se realiza la experiencia de aprendizaje. De tal manera que, a través de prácticas evaluativas de corte metacognitivo, se formen pensadores de orden superior, capaces de reflexionar sobre su propio proceso de aprendizaje mediante el monitoreo, el control e identificación de los recursos propios y del entorno, lo que sin duda exige una reconceptualización del uso y aplicación de la evaluación, para así inducir a una toma de decisiones y solución de problemas más consciente y racional, que ayude a generar nuevas estrategias de acción que respondan, tanto en el ámbito personal como social, a las necesidades educativas emanadas de las actuales circunstancias políticas, económicas y socioculturales por las que atraviesan México y el mundo.

El caso de Clara, con el que iniciamos este capítulo, es como el de muchos estudiantes, víctimas de escuelas y maestros que no tienen una idea de que evaluar no es calificar y de que estudiar no es repetir y memorizar, pues la labor educativa va más allá de trasmitir y aprobar y se ha visto sometida a un reduccionismo técnico, cuantitativo y pragmático a causa de la falta de una visión más pedagógica en torno a la evaluación.

Fuentes Documentales

Aray, J. (1980). *Sadismo en la enseñanza*. Caracas, Venezuela, Monte Ávila Editores.

Ardoino, J. y Berger G. (1986). *La evaluación como interpretación en líneas de un discurso: la cuestión de la evaluación y del control*. Prefacio de la obra de M. Morín. *Lo imaginario en la educación permanente*. París, Gauthier-Villare.

Brasil, Bernstein, B. (1989). *Clase y pedagogías visibles e invisibles*, en Gimeno, Sacristán. *La enseñanza, su teoría y su práctica*. Madrid, Akal.

Casanova, M. A. (1988). *La evaluación educativa*. Distrito Federal, México, SEP. Cooperación Española.

Clifton y Chadwick, *et al*. (1977). *Evaluación formativa para el docente*. Distrito Federal, México, Paidós Educador.

Comenio, J. A. (1922). *Didáctica magna*. Distrito Federal, México, Porrúa.

Contreras Domingo, J. (1994). *Enseñanza, currículo y profesorado*. Madrid, España, Akal.

Díaz Barriga, Á. (1997). *Didáctica y currículum*. México, Paidós Educador.

Díaz Barriga, Á. (comp.), (2000). *El examen. Textos para su historia y debate*. México, UNAM, CESU/Plaza y Valdés.

Eisner, E. W. (1999). *Usos y límites de las pruebas de desempeño*, E.U. Grade.

Elliot, E. (1998). *El ojo ilustrado. Indagación cualitativa y mejora de la práctica docente*. Barcelona, Paidós.

Foucault, M. (1977). *Vigilar y castigar*. México, Siglo XXI Editores.

Freud, S. (1900). *La interpretación de los sueños*, en *Obras Completas* (V.IV.) Buenos Aires, Argentina, Amorrortu.

Freud. S. (1997). *Totem y Tabú*, en *Obras completas*. Buenos Aires, Amorrortu Editores.

Judges, V. A. (1971). *El examen de los exámenes*. Buenos Aires, Argentina, Estrada.

Morán Oviedo, P. (1981). *La evaluación de los aprendizajes y sus implicaciones educativas y sociales*. Perfiles Educativos, 13. México, UNAM, CESU.

Sacristán, G. y Pérez Gómez, Á. (1989). *La enseñanza, su teoría y su práctica*. Madrid, Akal.

Tiana Ferrer, T. (2000). *Cooperación internacional en evaluación de la educación en América Latina y el Caribe. Análisis de la situación y propuestas de actuación*. Washington, EE.UU., Banco Interamericano de Desarrollo.

Datos de las autoras del libro

Dra. Patricia Ganem Alarcón
Licenciatura en Pedagogía. Maestría en Pedagogía Terapéutica Superior. Maestría en Investigación y Desarrollo de la Educación.
Doctorado en Evaluación de la Intervención Educativa.
Catedrática de las Licenciaturas en Educación Preescolar y Primaria. Empresaria (Asesoría, Intervención y Evaluación educativa).
qrupoloqa@yahoo. com. mx
Teléfonos oficina: 57.50.26.03 o 10.55.85.08

Lic. Luz Analía Torres Aldama
Licenciatura en Educación Primaria. Maestra de Educación Primaria en el Colegio Francés Juana de Arco
sheccid_hannah@hotmail.com
Teléfono oficina: 55.77.04.52

Dra. Caridad Yela Corona
Maestría en Gestión Ernpresarial. Doctorado en Filosofía Subdirectora de Vinculación y Seguimiento para la Superación Profesional de los Maestros en Servicio. SEP
cyela@att.net.mx
Teléfono oficina: 53.28.10.97 ext.18858

Mtra. Rosa Aurora Padilla Magaña
Profesora Normalista de Educación Primaria del Instituto Femenino Mexicano. Licenciatura y maestría en Pedagogía por la Facultad de Filosofía y Letras de la Universidad Nacional Autónoma de México. Docente de la Dirección General de Educación Normal y Actualización del Magisterio en las licenciaturas en Educación Preescolar, Primaria y Media de diversas instituciones particulares. Actualmente Docente del Centro Universitario de Desarrollo Empresarial y Pedagógico en las licenciaturas en Educación Prescolar, Pedagogía y Psicología y en la Maestría en Desarrollo de la Educación. Principales líneas de investigación y docencia: Desarrollo de habilidades del pensamiento, Metodología didáctica, Evaluación y medición del aprendizaje en la educación básica de acuerdo con las tendencias y modelos a nivel nacional e internacional
raurorap@avantel.net

Lic. Alejandra Monsalvo Verazas
Licenciatura en Educación Primaria. Asesora en Pedagogía en el Instituto Anglo Español, A. C. Catedrática de la Normal Francés Pasteur. Responsable de la sección "Los grandes de la educación" en la revista *Más allá del Aula.*
sfolobosd@aol.com
Teléfono oficina: 55.77.79.73

Mtra. Lilian Dabdoub Alvarado
Licenciatura en Psicología.
Maestría en Comunicación para la Educación Social y Posgrado en Master Internacional "Creatividad aplicada y total".
liliandabdoub@yahoo.com.mx
Teléfono, oficina: 50.89.73.42

Dra. María del Carmen Ramos Mantecón
Licenciatura en Sociología y Analista Transaccional con especialidad en Sociología Urbana.
Profesora de Sociología en el Instituto "Cobre de México".
Terapeuta a nivel individual, familiar y de pareja.
carmen_mantecon@hotmail.com.mx
Teléfono oficina: 53.55.02.06

Lic. Claudia Romo Sabugal
Licenciatura en Educación Primaria.
Catedrática de la Licenciatura en Educación Preescolar y Primaria.
Diplomado en Filosofía y Pedagogía por la Universidad Panamericana.

Lic. María del Carmen Hernández Sánchez
Licenciatura en Educación Primaria con especialidad en Estrategias Psicopedagógicas y en Enseñanza Superior. Catedrática de la Licenciatura en Educación Preescolar y Primaria.
Asesor de documentos recepcionales para la Titulación de la Licenciatura de Educación Primaria. Departamento de Psicopedagogía en la Normal Francés Pasteur.
Teléfono oficina: 55.77.79.73

Profra. Graciela Morales Hoyos
Directora Escuela Montessori Sinergia.
Teléfono oficina: 55.86.14.91

Mtra. Judith Amaro Nava
Licenciatura en Pedagogía. Maestría en Pedagogía con especialidad en Dirección de la Persona Humana en la Organización. Subdirectora de la Escuela Normal Francés Pasteur. Actualmente se dedica a la docencia en asignaturas en la línea de Acercamiento al Trabajo Escolar y Seminario de Análisis del Trabajo Docente, imparte cursos de la línea pedagógica.
Teléfono oficina: 55.77.79.73

Lic. Gabriela Campero Malo
Teléfono casa: 55.61.04.46

Lic. Vianey Orozco Sandoval
Licenciatura en Educación Primaria.
Docente frente a grupo.
Teléfono oficina: 53.68.45.59